우리가 예수를
더욱 닮아갈 때

우리가 예수를 더욱 닮아갈 때

© 생명의말씀사 2024

2024년 11월 26일 1판 1쇄 발행

펴낸이 | 김창영
펴낸곳 | 생명의말씀사

등록 | 1962. 1. 10. No.300-1962-1
주소 | 서울시 종로구 경희궁1길 6 (03176)
전화 | 02)738-6555(본사) · 02)3159-7979(영업)
팩스 | 02)739-3824(본사) · 080-022-8585(영업)

기획편집 | 서정희, 이주나, 장주연
디자인 | 최종혜
인쇄 | 예원프린팅
제본 | 보경문화사

ISBN 978-89-04-16904-7 (03230)

저작권자의 허락 없이 이 책의 일부 또는 전체를
무단 복제, 전재, 발췌하면 저작권법에 의해 처벌을 받습니다.

우리가 예수를
더욱 닮아갈 때

화종부 목사의
성령의 아홉 가지 열매

화종부 지음

생명의말씀사

목 차

01 **예수님을 닮게 하는 아홉 가지 열매** 13
열매 맺음을 방해하는 장애물: 율법주의 | 두 번째 장애물: 방종 | 자기중심성과 죄의 종노릇 | 성도의 대안은 사랑입니다

02 **성령을 따르지 않을 때 일어나는 일** 31
무엇이 내 삶을 지배합니까?

성도가 살아가는 삶의 핵심 | 성도의 내면은 치열한 영적 싸움터입니다 | 성령을 따라 행하지 않을 때 | 주님이 우리에게 기대하시는 삶의 방식

03 **나를 살아가게 하는 동력, 사랑** 53
사람은 바뀔 수 있습니까?

나를 바꾸어 내시는 최고의 선물 | 아홉 가지이지만 '열매'인 이유 | 예수 믿는 우리가 세상을 사는 방식 | 그 중의 제일은 사랑입니다 | 사랑은 동사입니다 | 사랑은 믿음의 증거입니다

04   내 삶을 관통하여 흐르는 표식, **희락**   75
하나님이 나를 다스리실 때 어떤 일이 일어납니까?

복음과 하나님을 아는 지식이 주는 희락 | 예배로 지속되는 희락 | 성도의 사귐과 교제로 누리는 희락 | 확신과 기다림의 소망이 주는 희락 | 하나님이 주시는 기쁨의 세 가지 특징

05   내가 가는 곳마다 이루어야 할, **화평**   97
나를 넘어서는 평강은 어떻게 가능합니까?

화평케 하는 자는 복이 있습니다 | 하나님이 그리스도 안에서 만드신 화평 | 삶에서 누리게 하시는 아버지의 화평 | 사람 사이에서 길러내야 하는 화평 | 재생산하고 확대해야 하는 화평

06   하나님 사람의 검증된 성품, **오래 참음**   117
언제까지 참아야 합니까?

모든 좋은 것은 오래 기다려야 합니다 | 사람을 인내한다는 것 | 구약에 나타난 하나님의 오래 참으심 | 신약에서 발견한 예수님의 오래 참으심 | 오래 참음의 두 영역 | 반드시 끝이 있습니다

07 시대를 거슬러 사는 따뜻한 중심, **자비** 135
자비를 행하는 일에 왜 이토록 자주 실패합니까?

자비의 세 가지 핵심 요소 | 하나님의 속성, 헤세드 | 룻과 보아스에게서 찾은 자비 | 자비와 우리 예수님 | 삶의 습관으로서의 자비

08 구원 이후에 대한 성도의 응답, **양선** 155
예수님 때문에 행하는 일이 나에게 있습니까?

양선의 중요한 두 가지 요소 | 양선이 사라지는 시대 | 양선의 사람들 | 양선의 근원이신 하나님 | 나를 통해 다른 이들이 살아나는 이야기를 해야 할 때 | 십자가와 부활의 본질

09 하나님이 나의 주인이시므로 끝까지, **충성** 175
나는 무엇을 믿고 무엇을 사랑하고 무엇에 헌신합니까?

하나님을 향하여, 사람을 향하여 | 구약의 신실하신 하나님 | 신약의 미쁘신 예수 그리스도 | 신실하신 하나님을 신뢰한 아브라함 | 하나님의 온 집에 충성한 모세 | 평생을 드리는 신실한 헌신

10   부름받은 성도와 교회의 방식, **온유**   199
나를 힘들게 하는 그 사람을 어떻게 대해야 합니까?

따뜻한 온유와 겸손이 흐르게 하십시오 | 구약에 나타난 온유하신 하나님 | 신약에서 찾은 예수님의 온유하심 | 예수님의 온유하심으로 변화된 사람들 | 온유한 자는 땅을 기업으로 얻을 것이요

11   하나님 나라의 의의 병기, **절제**   223
얼마나 하나님 앞에 머물러 있습니까?

불의의 병기를 의의 병기로 | 절제를 맺어야 할 삶의 영역들: 성, 분노, 미식, 관계, 시간 사용, 언어 | 사랑하면 닮아갑니다

12   **성령으로 행하십시오**   245

이미 이루신 완전한 승리 | 성령님과 보폭을 맞추어 행한다는 것 | 성령으로 행하는 몇 가지 구체적인 방법들: 생각과 마음과 눈을 다스리기, 성령의 임재가 있는 곳으로 나아가기, 은혜의 방편 | 예수 닮음이 더 풍성하게 일어나기를

들어가는 글

예수님은 하나님이 우리를 위하여 주신 '복음'입니다. 복음과 기독교는 하나님의 아들에 관한 것이며, 그분은 참사람이 되셨으나 참하나님이신 바로 우리 주 예수 그리스도시라고 바울은 로마서에서 밝히 말했습니다(롬 1:2-4). 우리는 바로 이 예수님을 믿고 의지함으로 하나님의 자녀가 되고, 하나님 나라의 백성으로서 하나님 나라에 참여하는 자요, 성도가 됩니다. 그런 점에서 이 세상 어떤 것도 우리 주 예수 그리스도보다 귀한 것은 없습니다.

이와 같은 관점에서 보면 신앙생활은 예수 그리스도를 믿고, 더 알아가며, 사랑하고, 그분을 즐거워하며, 닮아가는 것이라 요약할 수 있습니다. 현 시대가 겪는 모진 고통이 조국 교회와 성도들을 향하여 분명히 요구하는 것은 '다시 한 번 기본에 충실할 것' 그리고 '복음과 성경에 충실한 기독교와 성도'라고 생각합니다.

이 부르심에 화답하기 위하여 우리가 어떤 모습으로 세상을 살아가야 하는지 구체적으로 살피고 함께 듣고자, 제가 섬기는 남서울교회에서 성령의 아홉 가지 열매를 토대로 본 주제를 다루었습니다. 조국 교회의 사랑하는 성도들과도 이 마음을 나누고 싶어 하던 차에 생명의말씀사에서 『우리가 예수를 더욱 닮아갈 때』라는 제목으로 출판하게 되어 얼마나 감사한지 모르겠습니다.

종교 다원주의 시대의 포용적, 관용적인 사조에도 불구하고 이 책이 주 예수 그리스도께서 우리의 참된 구주시며 산 소망이심과 하나님이심을 더욱 선명하게 드러내고, 하나님과 구주 예수께만 존귀와 영광을 돌리는 도구가 되기를 기대합니다. 이 책을 읽고 듣는 이마다 예수 그리스도의 아름다움과 영광, 그분이 행하신 일들의 복됨과 은혜를 잘 드러내 주님을 더욱 사랑하고 닮아가게 되기를 바랍니다.

우리의 삶과 시간이 이 땅에 잠시 사용될 '썩을 양식'을 위해 일하지 않고 '영생하도록 있는 양식'을 위해(요 6:27) 살기로 결단하는 일에 담력을 주기를 기대해 봅니다. 예수님을 사랑하고 더욱 닮아가서 복음과 진리로 시대의 부름을 신실하게 감당해 내고 하나님의 영광과 주권을 더 높이는 복된 교회가 되기를 바라고 소원하며 이제 이 책을 조국 교회 앞에 내놓습니다. 예수님 닮은 많은 이들이 조국 교회에서 쏟아져 나와 부흥과 은혜의 역사가 조국 교회와 성도들 위에 넘쳐 나서 조국 사회를 복되게 하는 일이 이 땅에 풍성히 일어나게 해 주시기를 기대합니다.

화종부

01

예수님을 닮게 하는
아홉 가지 열매

성령의 아홉 가지 열매는 달리 표현하면 '예수님의 성품과 됨됨이'라 할 수 있습니다. 하나님의 영이 우리 안에 내주해 계시면서 우리가 사랑하고 따르는 예수님을 닮게 하는 아홉 가지의 얼굴과 모양이 성령의 아홉 가지 열매입니다.

첫 장에서는 이 아홉 가지 열매가 어떤 배경 안에서 나오고 있나, 바울은 이 주제를 왜 다루고 있을까, 그 배경과 문맥은 무엇인지 먼저 살펴보려고 합니다. '열매'는 생명이 있다면 당연히 맺혀야 하는 것, 생명이 있는 곳에 자연스럽게 따라오는 것입니다. 은혜의 성령님이 우리 안에 내주하실 때, 그분이 임재해 계시는 결과로 당연히 열매를 맺어야 합니다.

하지만 많이 경험하는 것처럼, 우리 삶에 성령의 열매가 늘 풍성하게 맺히지는 않습니다. 그것은 바로 열매 맺음을 방해하는 장애물이 있기 때문입니다. 바울은 우리에게 그 두 가지 장애물을 소개합니다. 이 때문에 우리가 기대하는 것보다 성령의 열매가 더디 맺히기도 하고 맺히지 못하기도 합니다.

열매 맺음을 방해하는 장애물: 율법주의

첫 번째로 어떤 장애물이 있습니까? 먼저 갈라디아서 5장 1절을 보십시오.

그리스도께서 우리를 자유롭게 하려고 자유를 주셨으니 그러므로 굳건하게 서서 다시는 종의 멍에를 메지 말라 갈 5:1

예수님이 우리를 위하여 행하신 모든 사건을 우리가 보통 '구원'이라고 표현하지 않습니까? 그런데 여기서 바울은 '자유'라고 표현합니다. 예수님이 우리를 위하여 십자가를 지심으로 자유케 하셨다고 말입니다. 예수님은 우리가 이 세상을 살아가면서 겪는, 죄가 가져온 모든 비참과 불행으로부터 또 심판과 진노와 형벌로부터 자유케 하셨습니다. 믿음을 많은 형태로 표현할 수 있지만 중요한 내용 중 하나가 '우리는 자유자다', '주님이 나를 자유케 하셨다'입니다. 이 자유는 종교적인 개념만이 아닙니다. '하나님 앞에서 그분의 호의를 사기 위해서 무엇인가를 해야 한다고 느끼는 것'으로부터의 자유입니다. 모태로부터 죄 중에 태어난 사람들의 경향성 중 하나는 하나님을 향해 무엇인가 기여를 해서 그분 앞에 떳떳하게 서고 싶어 하는 것입니다.

그러나 이것은 한 마디로 불가능합니다. 그렇게 신앙생활을 하면 신앙이 주는 위로와 감격이 무엇인지 잃게 됩니다. 우리는 하나님의 호감을 사기 위해서 어떤 일을 할 수 있는 존재들이 아닙니다. '자유'란 그런 것으로부터의 자유를 말합니다. 사랑이신 하나님이 우리같이 자격 없는 자들을 먼저 사랑해 주셨기 때문에 우리가 자유 안으로 들어갈 수 있습니다.

우리는 무수한 약점과 한계에도 불구하고 눈치를 보거나 하나님의 호감을 얻기 위해서 무엇인가를 하려고 하지 않아도 됩니다. 하나님의 완전한 사랑과 예수님의 완전한 대속의 은혜를 믿고, 그 안에 모든 것이 들어 있음을 알고, 은혜의 보좌 앞에 쭈뼛거리지 않고 조금도 주저없이 담대하게 나아가는 것, 이것은 구원이 우리에게 준 큰 존귀함입니다. 그러나 이 귀한 자유를 빼앗아 가려는 거짓 교훈이 있고, 그 거짓 교훈을 좋아하는 경향이 우리 속에 자리잡고 있습니다. 따라서 우리는 이 자유를 빼앗기지 않도록 견고하게 서서 자유를 주신 부르심에 걸맞도록 바른 존영을 가지고 살아야 한다고 바울은 말합니다.

제1차 전도 여행을 떠난 바울은 갈라디아 지방을 중심으로 아시아 선교를 하며 복음을 이렇게 가르쳤습니다. "예수를 믿음으로 성도가 된다. 비록 이방인이라도 예수를 믿는 순간 아브라함의 후손이 되고, 아브라함의 모든 약속에 참여하는 자가 되는 것이다." 무수한 이방인들이 이 복음을 듣고 환영했습니다.

그런데 거짓 선생들이 나와서 사람들 속에 있는 경향성을 교묘하게 자극했습니다. "아브라함의 후손이 되고 그 언약에 참여하려면 예수 믿는 것으로 충분하지 않다. 거기에 무언가 더해야 한다. 할례를 받고 율법을 지키며 안식일을 준수해야 구원에 들어가고 아브라함의 약속에 참여하는 하나님의 참 백성이 된다"라고 말입니다. 이렇게 거짓 선생들이 가르쳤을 때 갈라디아의 성도들이 많이 흔들렸습니다. 왜냐하면 뭔가를 기여해서 하나님 앞에 떳떳하게 서고 싶다는 어리석은 경향이 우리 속에 있기 때문입니다.

제가 늘 귀에 못이 박히도록 말하는 것처럼 우리는 그런 일을 할 수 있는 사람들이 아닙니다. 작은 것이라도 기여를 해서 그것을 근거로 구원에 조금이라도 보탬이 되게 하는 것은 기독교가 가르치는 바가 아닙니다.

은혜로 아무 자격 없는 우리를 향하여 만세전이라는 그 오랜 세월부터 아들 하나님이 우리 몸을 입고 이 땅에 오셔서 모든 죄 짐을 대신 감당해 주셨습니다. 그 예수님을 믿고 의지할 때 하나님의 백성이 되는 것이지, 예수님 한 분으로 충분하지 않아서 무엇인가를 더해서 온전해지겠다는 것은 기독교의 복음이 아닙니다.

예수님만으로 충분합니다. 예수님만이 우리의 모든 자랑이며 의지할 분이십니다. 예수님이 이 땅에 오신 것과 우리를 위하여 고난을 당하시고 돌아가시고 부활하신 것, 그것이 우리를 우리 되게 하는 전부라고 기독교는 가르칩니다. 하나님 아버지의 완전한 사랑이 허락하신 이 자유에 굳건하고 견고하게 서서 신앙생활 해야 성령의 열매가 맺힙니다.

육신의 재능과 능력의 차이로 만들어 내는 열매 말고, 성령님이 우리 안에 들어오실 때 맺으시는, 정말 주님이 우리에게 기대하시는 열매가 있다는 것입니다.

율법 안에서 의롭다 함을 얻으려 하는 너희는 그리스도에게서 끊어지고 은혜에서 떨어진 자로다 갈 5:4

바울은 무엇을 더해서 의롭다 함을 얻으려고 하는 사람들을 가리켜 "율법 안에서 의롭다 함을 얻으려 하는 너희"라고 표현합니다. 율법 안에서 의롭다 함을 얻을 자는 아무도 없습니다. 우리는 예수님의 공로로 하나님 앞에 의롭다 여김을 받은 자들입니다.

정말로 여러분이 그렇고 제가 그렇습니다. 우리가 인식을 하든 못 하든 이 시대의 제일 큰 영광은 '은혜가 왕 노릇 하는' 것입니다. 예수님은 이 땅에 오시면서 이 세상이 가진 보편적인 질서와 너무나 다른 '은혜가 왕 노릇 하는' 새로운 시대를 여셨습니다.

지금은 어떤 사람도 다시 시작할 수 있는 은혜의 시대입니다. 주님의 은혜가 적용되면 어떤 사람이라도 새로운 삶을 시작할 수 있습니다. 은혜가 왕 노릇 하는 굉장히 귀하고 복된 날이 바로 오늘입니다. 주님은 자격 없는 우리에게 그분의 완전한 공로에 근거해서, 주님을 의지하고 영접하고 받아들이는 자마다 새롭게 되는 은혜를 주셨습니다. 그런데 자꾸 우리 속에 있는 어리석은 경향을 따라 무엇인가 우리가 기여하려 할 때, 실제적으로는 은혜에서부터 떨어지고 은혜를 잃어버리는 어리석은 삶을 선택하게 됩니다. 그래서 모든 시대를 살았던 믿음의 사람들은 예수님을 믿으면 믿을수록 '하나님이 어쩌면 나 같은 사람을 사랑해 주셨을까' 하며 은혜를 깨닫는 깊이가 달라집니다. 은혜에 대한 감격이 새로워집니다. 자신이 얼마나 부패하고 악한 자인지를 세월이 가면 갈수록 더 많이 보게 됩니다. 그래서 사도 바울은 "나는 사도 중에 가장 작은 자라"(고전 15:9), "모든 성도 중에 지극히 작은 자보다 더 작은 나"(엡 3:8)라고 말하더니, 그의 생애 말미에 가서는 "죄인 중에 내가 괴수니라"(딤전 1:15)라고 고백했습니다.

이처럼 나를 보는 눈이 박해질 수밖에 없는 이유가 무엇입니까? 나의 무가치함과 죄들이 빛 되신 주님 앞에 가니 점점 더 많이 보이고, 보이면 보일수록 역설적으로 '은혜가 얼마나 귀한가!', '나를 나 되게 하는 것은 하나님의 은혜밖에 없구나!' 하고 깨닫게 되는 것입니다.

이것이 바로 신앙생활입니다. 이런 깨달음이 열려야 성령님 안에 있는 열매가 맺힙니다. 많은 성도가 '하나님이 나 같은 사람을 기다려 주셨구나. 하나님이 나 같은 사람을 사랑하셨구나!' 깨닫고는 감격의 눈물을 흘리면서 신앙생활을 시작합니다.

그러다 어느 순간부터 길을 잃습니다. 자신이 무엇인가를 더해야 하는 것처럼, 작은 일이라도 기여를 해야 하거나 혹은 할 수 있는 것처럼 오해하기 시작합니다. 그러면서 신앙의 감격과 기쁨, 은혜에 대한 감동을 다 잃어버리고 굉장히 율법주의적인 경향을 갖게 됩니다. 자기를 보고 남을 보면서 '왜 저 사람은 이 일은 안 하고, 왜 저 일은 못 하나' 하면서 굉장히 율법주의적인 신앙생활을 하게 되는 것입니다. 세월이 갈수록 주님의 은혜를 새록새록 더 사실적으로 경험하고, 가면 갈수록 더 크고 귀하게 여겨야 하는데, 희한하게 신앙생활을 한다고 하면서도 은혜에 대한 감각을 상실하면서 자꾸 공로주의와 율법주의의 경향이 생기는 것입니다. 주님은 그리스도의 공로 안에서 우리를 전혀 다르게 바라보시며 새 삶을 살도록 부르셨습니다. 그런데 이전으로 돌아가서 종의 멍에를 지려고 하는 어리석은 경향이 신앙생활하는 우리 안에 거듭 생깁니다.

> 우리가 성령으로 믿음을 따라 의의 소망을 기다리노니 그리스도 예수 안에서는 할례나 무할례나 효력이 없으되 사랑으로써 역사하는 믿음뿐이니라 갈 5:5-6

이 말씀은 우리가 성령 안에서 거듭나면, 죽었다 깨어나도 안 되던 생각의 변화와 삶의 변화가 일어나면서 믿음으로 의의 소망을 붙들고 살게 된다는 의미입니다.

우리가 예수님을 믿을 때, 우리의 어떠한 것들을 더하려고 하지 않고 또 우리가 무언가를 할 수 있는 것처럼 여기지 않고 예수님의 완전한 공로와 하나님의 사랑을 의지하면 의롭다 함을 받습니다. 그리고 마지막 날 하나님의 심판대 앞에 설 때 우리를 향해 의롭다고 하실 그 소망을 붙들고 살아갑니다. 이것이 바로 예수 믿는 사람의 삶의 방식입니다.

세상 사람들이 평생을 살아가면서 하는 일은 하나입니다. 자기를 업그레이드하는 것으로 인생을 보냅니다. 더 많이 공부해서 더 많은 것을 이루고, 더 많이 성취해서 더 많이 높아지고, 더 많이 유명해져서 인정받으려고 합니다. 그러나 그리스도인은 더 이상 세상 사람들과 같이 살기를 멈춥니다. 주님을 믿는 믿음이 생기면 그 믿음이 내가 아니라 나의 바깥에 있는 다른 사람을 사랑하는 데까지 나아가게 합니다.

평생을 나밖에 모르고 살았는데 시선을 돌려 나를 필요로 하는 누군가를 사랑하는 자리로 데려가는 바로 그 믿음이 핵심입니다. 그저 종교성을 만족시키는 것은 아무것도 아닙니다. 기독교는 우리의 중심을 바꾸어서 참된 사랑으로, 끝없이 자기라는 테두리에 갇혀서 살던 우리를 자유의 존영과 아름다움을 알도록 이끌어 갑니다.

두 번째 장애물: 방종

이러한 율법주의가 첫 번째 장애물이라면 두 번째 장애물은 갈라디아서 5장 13절에 나옵니다.

> 형제들아 너희가 자유를 위하여 부르심을 입었으나 그러나 그 자유로 육체의 기회를 삼지 말고 오직 사랑으로 서로 종노릇하라
>
> 갈 5:13

바울은 자유를 지나치게 어리석은 방식으로 해석하면서 육체를 위한 기회로 낭비할 수 있다고 말합니다. 자유는 정말 존귀한 것인데, 그 자유를 가지고 자기 육체를 위한 기회로 사용하면 귀한 자유가 또 다른 형태로 우리의 삶을 넘어뜨려 열매 없는 삶이라는 어리석음을 드러내게 한다는 것입니다.

'육체'가 무엇입니까? 몸을 가리키는 경우도 있지만 여기서는 모태로부터 가지고 태어난 죄 된 본성, 우리 안에 죄를 좋아하는 경향성을 가리킵니다. 그 육체, 죄 된 본성이 만드는 기회가 무엇입니까? 많이 설명할 수 있지만, 여기서는 간략하게 두 가지로 설명해 보겠습니다.

자기중심성

첫 번째로 여러분과 제 속에는 정말 집요할 만큼 만족할 줄 모르는 자아 중심적, 자아 지향적인 경향이 있습니다. 죄 중에 태어난 모든 사람은 뒤틀어지고 왜곡된 자기중심성을 갖고 있습니다. 이 자기중심성은 너무 집요합니다. 이것은 말씀을 가르치는 저를

포함한 모든 성도 안에서 늘 볼 수 있는 모습입니다. 특별히 제가 조국 교회를 생각할 때 제일 가슴 아픈 주제 중 하나입니다. 조국 교회에서 예수님을 어지간히 잘 믿는다는 사람을 만나도 '이분은 정말 자아가 확 무너져 있구나. 끈질기게 자기를 지향하게 만드는 성향에 대해서 무너져 있구나', 이런 느낌이 드는 사람이 많지 않습니다. 왜입니까? 자아가 무너지지 않은 자신의 상태가 문제라고 생각하지 않기 때문입니다.

누군가를 만나 이야기를 실컷 하고 나면 그분이 말은 그렇게 안 했는데 사실 이런 느낌이 듭니다. '목사님, 제가 참 특별하지요. 저는 다른 사람하고 다릅니다.' 그럴 때마다 제 마음이 확 무너지고 맙니다. 그러다 간혹 한 번씩 예수님을 잘 믿는 사람들을 만나 보면 '이분은 정말 자아가 확 무너져 있구나'라는 생각에 고개가 절로 숙여지고 너무 행복합니다. 그런데 그런 사람을 보기가 참 어렵습니다.

우리는 언제나 성경이 말하는 방식처럼 사랑이 역사하는 믿음이 무엇인지를 드러내야 합니다. 우리는 그리스도의 형용할 길 없는 대속의 은혜로 자유자가 되었습니다. 그 귀한 자유를 어리석게 육체의 기회로 남용하면 예수님을 아무리 오래 믿어도 성령의 열매가 맺히지 않습니다.

왜 그렇습니까? 그 집요한 자기 지향성을 넘어서지 못하기 때문입니다. 그래서 수많은 은혜가 전부 자기 신화를 만드는 죄목으로 바뀌었습니다. "나는 특별하다. 나는 남과 다르다." 물론 하나님은 우리를 매우 사랑하시고 특별하게 여기십니다만, 그분의 사랑과 은혜를 알게 되면 우리는 "제가 아닙니다. 하나님이 하셨습니다"라고 말하게 됩니다. 하나님의 은혜가 우리에게 그렇게 말씀하시는데, 이상하게 이 자아 지향성이 문제라고 생각하는 성도들이 너무 적습니다. 이처럼 육체의 기회 중에 첫 번째는 너무너무 집요한 자기 지향성입니다.

죄의 종노릇

두 번째 육체의 기회는 각색 정욕과 향락의 종노릇하는 것입니다. 육체는 우리를 끝없이 죄 된 욕망으로 몰고 가기가 너무 쉽고, 그것을 합리화하고 정당화합니다. 그러면서도 그 죄 된 욕망이 주는 작은 기쁨, 불안전하고 파괴적인 기쁨을 거절하지 못하고 너무나도 쉽게 넘어지고 어리석게 만드는 경향이 있습니다. 잘못된 교훈은 거듭거듭 우리를 그런 자리로 데려갑니다.

사랑하는 여러분, 우리는 주님 안에서 자유자입니다. 하나님은 그리스도의 귀한 대속의 열매로 우리를 자유케 하셨습니다. 정죄로부터, 형벌로부터, 사람들의 눈치를 보면서 공로를 가지고 호의를 사야 한다고 생각하는 어리석은 삶의 방식으로부터 자유케 하셨습니다. 주님은 자유자인 우리가 그 자유를 가지고 무엇을 하기 원하실까요? 사랑하기를 선택하고, 그 사랑 때문에 섬기는 사람, 종이 되기를 선택하는 하나님의 형상을 닮은 백성을 기대하십니다. 세상은 사랑이라는 이름으로 무엇을 하려 합니까? 한 마디로 소유하려고 합니다. 사랑이라는 이름으로 자신이 원하는 대로 상대를 지배하고 다스리고 싶어 합니다. 그런데 그런 것들은 우리가 진리를 모르고, 하나님을 모르고, 그리스도 안에 있는 자유를 모르는 종이었을 때 하던 일들입니다.

사랑은 세상이 말하는 방식으로 소유하거나 지배하는 것이 아닙니다. 사랑은 예수님이 우리에게 보여 주신 것처럼 섬김과 자기희생이 담긴 종노릇과 같습니다. 주님이 나를 자유케 하셨기에, 억지로가 아니라 자유자로서 그 자유를 사랑에 사용할 줄 알게 됩니다.

지배나 통제가 아니라 섬김과 희생과 사랑으로 종노릇하는 삶이 바로 주님이 대속의 은혜로 우리를 구원하여 데려가고 싶어 하시는 지점입니다. 내가 가진 자유로 나를 높이고 나를 개발하고 나를 자랑하는 등 내가 원하는 일을 다 하는 자유가 아니라, 사랑을 선택하고 사랑 때문에 즐거이 종이 되기를 선택해야 합니다.

성도의 대안은 사랑입니다

지금까지 성령의 열매를 맺으며 살아가는 삶 가운데 놓인 두 개의 장애물을 살펴보았습니다. 하나는 율법주의이고, 또 하나는 방종입니다. 어떤 면에서 두 가지는 완전히 대조적인 극과 극 같습니다.

하지만 놀랍게도 바울은 공통적인 대안을 제시합니다. 그것은 바로 사랑입니다. 사랑으로 역사하는 믿음입니다. 사랑으로 하는 종노릇입니다. 율법주의와 방종이라는 이 극단적으로 달라 보이는 두 가지의 동일한 대안이 바로 사랑입니다.

무엇을 더하기 위해 몸부림치고, 호의를 얻기 위해 최선을 다하고, 끝없이 사람들을 밀어붙이는 율법주의자들에게 성경이 주는 대안은 사랑입니다. 주님의 사랑 앞에 노출되고, 나 같은 사람을 사랑하시는 아버지의 사랑을 알아, 그 사랑이 역사하는 믿음을 가져야 합니다. 모든 율법의 요구가 사랑 안에 완성되는 것이지 않습니까.

하나님의 지혜가 세상의 어리석음과 얼마나 대조적인지 보십시오. 율법과 살아야 율법이 완성될 것 같은데 그렇지 않습니다. 사랑이야말로 율법이 우리를 데려가고 싶어 하는 궁극적인 지점입니다. "사랑은 율법의 완성이니라"라고 로마서 13장 10절이 말하고 있지 않습니까.

하나님의 사람으로서 바른 열매를 맺으며 살아야 하는 성도의 대안은 사랑입니다. 성경은 사랑이 모든 아픔과 질고를 만지는 핵심이라고 말합니다. 사랑 때문에 하는 종노릇이야말로 모든 양극단을 다 이겨 내게 만드는 하나님의 방식입니다. 바로 그 연장선에서 우리가 살펴보게 될 성령의 아홉 가지 열매가 등장하는 것입니다.

삶의 현장에서 맺히는 성령의 아홉 가지 열매는 그저 종교적인 이야기를 하는 것이 아닙니다. 이 아픈 세상, 끝없이 물고 뜯으면서 같이 망하는 길로 치닫는 어리석은 세상을 살리고 축복하시는 하나님의 선물입니다. 그런 마음을 가지고 이 책에 담긴 말씀을 묵상하고 나눌 때 성령의 아홉 가지 열매가 우리 삶에 더욱 맺히기를 기대하고 축복합니다.

화종부 목사의 핵심 메시지

- 성령의 아홉 가지 열매는 달리 표현하면 '예수님의 성품과 됨됨이'이다.
- 우리 안에는 열매 맺음을 방해하는 장애물, '율법주의'와 '방종'이 있다.
- 나를 사랑하시는 하나님 아버지의 사랑이 우리로 성령의 열매를 맺게 한다.

02

성령을 따르지 않을 때 일어나는 일

무엇이 내 삶을 지배합니까?

1장에서 우리는 예수님이 주신 구원을 '자유'라는 관점에서 생각해 보았습니다. 예수님은 모든 율법의 정죄와 얽매임으로부터, 이 세상의 욕망과 사망의 권세로부터 우리를 자유케 하시며 "다시는 종의 멍에를 메지 말라" 말씀하셨습니다. 이처럼 귀한 자유를 가르치지만 어떤 사람은 자유를 방종으로 바꾸고 변질시킵니다. 그러나 성도는 그 복된 자유를 가지고 사랑 때문에 종노릇하기를 선택해야 합니다. 바로 이것이 신앙생활을 하는 성도들의 삶에서 발견할 수 있는 위대하고도 탁월한 특징 중 하나입니다.

자유에 관해 서술할 때마다 바울은 그것이 아주 쉽게 상실할 수 있는 것이라는 경고를 빼놓지 않았습니다. 어떤 이는 자유를 얻고도 종으로 되돌아갔고(갈 5:1), 또 어떤 이는 자유를 방종으로 오도했습니다.

그러나 바울은 참다운 성도의 자유란 절제, 이웃에 대한 사랑의 봉사, 하나님의 율법에 대한 복종으로 그 모습을 드러낸다고 알려줍니다(갈 5:13-15).

성도가 살아가는 삶의 핵심

갈라디아서에서는 그 일들이 어떻게 이루어질 수 있는가를 말하는데, 답은 "성령을 따라"입니다. 오직 성령님만이 참으로 우리를 자유로운 상태에 머물게 하실 수 있습니다. 바울은 성령님의 능력이 우리가 살아가는 방식을 지배한다면 율법주의와 방종이라는 두 극단 모두를 피할 수 있다고 설명합니다. 만약 우리가 율법과 육체, 어느 것에 의해서도 지배를 받지 말아야 한다면 무엇이 우리 삶의 방식을 지배해야 합니까?

답은 '성령'입니다. 바울은 성경 안에 이 답을 배치해 두었습니다. "성령을 따라 행하라", "성령의 인도하시는 바가 되면", "성령으로 살면 또한 성령으로 행할지니" 이것이 성도가 살아가는 삶의 핵심입니다. 이것이 '그리스도 안에 있는 사람'이 뜻하는 바의 중심이자 비밀입니다.

내가 이르노니 너희는 성령을 따라 행하라 그리하면 육체의 욕심을 이루지 아니하리라 갈 5:16

성경이 주는 구체적인 방법은 한 마디로 "성령을 따라 행하라"입니다. 성령을 따라 행할 때 육체의 욕심 앞에 굴복하지 않게 된다는 것입니다.

너희가 만일 성령의 인도하시는 바가 되면 율법 아래에 있지 아니하리라 갈 5:18

귀한 자유를 다시 빼앗겨 종의 멍에를 메지 않으려면 성령의 인도하심을 꾸준히 분별하며 따라가야 합니다. 그럴 때 우리의 삶이 다시 종으로 굴러떨어지는 일이 없습니다. 앞서 율법주의와 방종, 양극단 중 어느 쪽이든 사랑이 대안이라고 했는데, 여기서는 성령의 인도하심을 따라 행하는 것이 구체적인 방법이라고 성경은 제시합니다.

갈라디아서 5장 16절-26절에는 '성령'이라는 단어가 무려 7회나 등장합니다. 짧은 단락에 이처럼 반복해서 등장할 정도로 '성령'은 가장 중요한 요소입니다. 예수님이 니고데모에게 말씀하셨던 것처럼, 우리는 성령으로 거듭나서 성도가 됩니다.

아무리 어릴 때부터 교회를 부지런히 다녔어도 성령으로 거듭나지 않으면 성도가 아닙니다. 하나님의 영이 내주하시지 않으면 하나님의 사람이 아닙니다. 모든 진실한 성도는 성령 하나님의 도우심으로 새로운 생명을 가지게 됩니다. 성령님은 우리가 거듭날 때 우리 안에 한 번만 계신 것이 아니라 계속해서 내주하시면서 범사에 동행하십니다.

우리가 예수님을 믿을 때 머리이신 그리스도와 몸인 다른 성도들과 연합되었음을 고백으로만이 아니라 삶의 실존으로 경험하는 것은 전부 성령님이 하시는 일입니다. 이 귀하신 성령님은 우리 속에 내주해 계시면서 죄 중에 태어나서 육체의 욕심을 따라 살기 좋아하는 우리로 거룩하고 성결하여 하나님이 주신 새로운 생명에 걸맞은 형태의 삶을 살게 하는 모든 경건한 능력의 원천이 되십니다.

우리가 구원받을 수 있는 것은 예수님이 우리를 위하여 이 땅에 오시고 고난당하시고 부활하시고 승천하셨기 때문입니다. 하지만 구원을 경험하고 구원에 참여하는 것은 성령님의 은혜 안에서 가능합니다. 구원이 막연한 종교적인 개념에 그치지 않고 우리 삶에 실존적인 경험이 되게 하는 것은 모두 성령님이 하시는 일입니다. 우리에게 자유를 주시는 분은 예수님이시지만, 우리로 그 자유에 바르게 참여하고 경험하고 누리게 하는 것은 성령님이 행하시는 일입니다. 그러므로 성령님의 인도하심을 따라 살고 성령님의 역사하심을 따라 행하는 것은 성도가 세상을 사는 굉장히 중요한 삶의 방식입니다.

성도의 내면은 치열한 영적 싸움터입니다

성령이라는 이 중요한 주제가 등장할 때 우리가 기억해야 할 것이 있습니다. 성도가 된 이후부터 우리의 삶에는 아주 치열한 영적 싸움이 일어나고 있다는 사실입니다. 성도가 되고 나서는 내적 투쟁이나 갈등이라고는 전혀 없고, 옛 본성이 완전히 근절되었다고 주장하며 가르치는 어리석은 자들이 간혹 있습니다.

하지만 로마서 7장이나 갈라디아서 말씀을 보면 알 수 있듯이, 성도가 되고 나서 우리의 내면에서는 마음 중심과 생각과 인격과 삶을 지배하려는 강력한 육체의 소욕과 성령이 맞부닥치는 치열한 영적인 싸움이 벌어지고 있다는 사실을 봅니다.

모태로부터 죄악의 상태로 태어난 우리 안에 있는 죄의 본성을 '육체'라고 부릅니다. 우리를 끝없이 죄악 된 본성대로 끌고 가려는 경향이 육체 안에 있고, 그 경향을 거스르면서 하나님이 주신 생명에 걸맞도록 하나님의 사람답게 살게 하시려는 성령님의 도우심이 있습니다. 우리 내면에서 이 둘의 치열한 다툼이 일어나는 것입니다. 성도가 되면 이전에 경험하던 갈등과는 비할 수 없을 만큼 심한 영적 싸움이 우리 속에서 일어납니다. 하나님의 영이 우리 속에 내주하시면서, 거듭거듭 우리 내면에서 육체의 소욕이 맞부딪치기 때문입니다.

> 육체의 소욕은 성령을 거스르고 성령은 육체를 거스르나니 이 둘이 서로 대적함으로 너희가 원하는 것을 하지 못하게 하려 함이니라 갈 5:17

하나님은 성도인 우리가 하나님의 영을 따라 행하고 성령의 인도하심을 받아 선택하며 살아가기를 원하십니다. 성령님이 인도하시니까 우리는 따라가기만 하면 된다고 생각하면 안 됩니다. 하나님은 우리가 이 싸움에서 지지 않고 바른 선택을 하면서 믿음의 삶을 살아 내도록 우리를 부르십니다.

성령님의 인도하심을 따라갈 때 육체가 이끄는 어리석은 삶을 이겨 낼 용기와 힘을 갖게 됩니다. 성령님의 도우심과 인도하심을 경험하면서 다시는 종의 멍에를 메지 않고 참된 자유가 있는, 성도의 존영이 있는 삶을 살게 되는 것입니다.

예수님이 우리에게 주신 구원이 얼마나 복되고 영화로운지를 날마다 새로이 알며 성령님의 인도하심을 따라 행할 때, 사랑으로 종노릇하는 일이 우리 삶에 가능해집니다. 그러므로 우리는 성령을 따라 행함으로 우리의 몸과 마음과 삶이 하나님을 위한 의의 병기로, 최고의 도구로 사용되도록 해야 합니다.

성령을 따라 행하지 않을 때

그렇다면 우리가 성령을 따라 행하지 않고 육체의 소욕을 선택할 때 어떤 일이 일어나는지를 자세히 보도록 하겠습니다. 바울은 우리에게 이렇게 말합니다.

> 육체의 일은 분명하니 곧 음행과 더러운 것과 호색과 우상 숭배와 주술과 원수 맺는 것과 분쟁과 시기와 분 냄과 당 짓는 것과 분열함과 이단과 투기와 술 취함과 방탕함과 또 그와 같은 것들이라 전에 너희에게 경계한 것같이 경계하노니 이런 일을 하는 자들은 하나님의 나라를 유업으로 받지 못할 것이요 갈 5:19-21

이 구절에는 '육체의 일' 열다섯 가지가 나열되어 있습니다. 성경에서 이처럼 여러 항목이 등장할 때는 잘 묶는 것이 중요합니다. 그래야 흐름을 일목요연하게 파악하고 기억할 수 있기 때문입니다. 여기서는 열다섯 가지 육체의 소욕을 총 네 개의 그룹으로 묶어 보았습니다.

먼저 구체적인 항목을 파악하기에 앞서 "육체의 일은 분명하니"에서 '분명하다'라는 말은 무슨 뜻일까요? 우리 속에서 일어나는 여러 형태의 욕심들은 눈에 보이지 않기에 분명하지 않지만 우리의 말, 생각, 성품, 행실을 통해서는 명약관화하게 드러난다는 것입니다. 아무도 토를 달 수 없을 만큼 선명하고 분명하게 구별되어 드러난다고 말합니다.

음행과 더러운 것과 호색

바울이 가장 먼저 다루는 세 가지 육체의 일은 무엇입니까?

음행과 더러운 것과 호색, 즉 성적인 방종입니다. 여기서 모든 일 가운데 성적인 항목이 가장 먼저 나온다는 사실에 주목해야 합니다. 그중에서 첫 번째, '음행'은 헬라어 '포르네이아'로 포르노라는 말의 원어입니다.

모든 종류의 불법적인 성행위를 가리키는 단어이며 결혼 외적의 성적인 관계, 금지된 성관계, 음란물과 같은 매체를 통한 성적 욕구의 충족을 포함하는 직간접 참여를 포함합니다. 육체적인 관계는 결혼한 부부 안에서만 가능하다고 바울은 분명하게 선을 그어 놓았습니다. 부부가 아닌데 성적으로 서로를 탐닉하는 것은 절대로 성경이 지지하는 정신이 아닙니다. 우리가 살아가는 이 시대에 많은 아픔과 문제가 있지만 그중에서도 제일 문제 중 하나는 성경의 정신을 가볍게 여기도록 문화가 흘러가면서 가정에서 제일 핵심적이고 중요한 부부가 너무 쉽게 무너지고 있다는 점입니다. 경건하고 거룩한 자녀를 얻는 귀중한 가정의 질서가 부정되고 무너집니다.

세상이 무엇이라고 말하든지, 세상 사람들이 어떻게 살아가든지, 드라마와 영화와 소설과 글들이 무엇이라고 하든지 성도인 우리는 절대로 부부 사이를 벗어난 성적인 관계를 정당화하지 않아야 합니다. 한 남자와 한 여자가 부부가 되어서 서로의 품이 충분한 줄 알고 만족하고, 평생을 한 배우자에게 충실하고, 부부로서 신실하게 가정을 지켜 내고, 성결하고 거룩한 자녀를 길러 내야 합니다. 이것은 오늘 이 시대를 사는 성도인 우리에게 성경이 변함없이 가르치고 기대하는 굉장히 중요한 교훈의 핵심입니다.

종말적으로 심판받을 대상은 세상이 아닙니다. 우리는 하나님이 그분의 말씀을 기준으로 판단하시는 심판대 앞에 서야 합니다. 그때 하나님 앞에서 "세상 사람들이 다 그렇게 했습니다" 하는 것은 아무 도움이 되지 않을 것입니다. "세상의 드라마와 영화가 다 그렇게 묘사하고 가르쳤습니다" 하며 아무리 합리화하려고 해도 재판하시는 분은 하나님이시고, 그분은 기록된 말씀을 근거로 심판하신다는 사실을 한시도 잊어서는 안 됩니다. 부탁합니다. 하나님이 주신 귀한 가정을 지켜야 합니다. 서로를 책임 있게 대해야 합니다.

가정을 신실하게 지켜 내는 것은 얼마나 중요한 싸움인지 모릅니다. 이 시대는 간음을 권하는 사회입니다. 그러나 우리는 간음에 대해서는 절대로 동의할 수 없습니다. 한 아내와 한 남편이 충성스럽고 신실한 관계 안에서 살아야 합니다. 한 남자와 한 여자가 만나 평생 서로를 사랑하는 것이 무엇인지 배우고, 그렇게 사랑하도록 하나님이 주신 귀한 가정을 세상의 논리로 깨뜨려서는 절대로 안 됩니다. 이것이 육체의 소욕 중 첫 번째 주제라는 사실을 꼭 기억하십시오.

'더러운 것'은 음행보다 폭넓은 의미로서 성적인 문제에 무감각하거나 노골적이어서 사람들에게 불쾌감을 주는 것을 의미합니다. 이것은 성생활의 잘못뿐 아니라 다양한 형태의 도덕적인 악, 불순에도 적용됩니다. '호색'은 그 도가 더 심해서 과도한 성적인 탐닉에 빠져 누구의 눈도 부끄러워하지 않으면서 자기 삶을 내어 주는 것을 번역한 용어입니다.

사랑하는 여러분, 시대가 어떻게 흘러갈지라도 가정은 하나님이 주신 정말 귀중한 선물인 줄 알고, 아내와 남편을 향해서 신실해야 하고, 거룩한 자녀들을 길러 내면서 지켜야 합니다. 이 일은 성도가 부름받은 굉장히 중요한 일입니다. 혹여라도 이처럼 어리석은 일을 자행해서 배우자를 아프게 하고 넘어뜨렸다면 정말 마음을 실어서 어떤 핑계나 탓도 하지 말고 사과하고 용서를 구해야 합니다. 마음을 다해 바른 관계 회복이 일어나도록 해야 참된 성도답게 사는 것입니다. 기준이 너무 약해지는 시대입니다. 많은 사람이 그런 방식으로 하나님이 주신 귀한 선물인 가정을 깨고 맙니다. 그러나 우리는 그렇게 살면 안 됩니다.

우상 숭배와 주술

육체의 소욕은 또한 종교와 미신의 형태로 나타납니다. 세상은 살아 계신 참 하나님을 바르게 예배하는 것에는 아무 관심이 없습니다. 세상은 언제든지 우상을 숭배할 준비가 되어 있고, 그 우상이 주장하는 주술을 받아들일 자세도 되어 있습니다. 하지만 유일하게 관심이 없는 것이 '살아 계신 참 하나님을 바르게 예배하는 게 무엇인가?'입니다. 왜 그렇습니까? 구약 성경에서 선지자들이 자주 말했던 것처럼 우상은 귀가 있어도 들을 줄 모르고 눈이 있어도 볼 줄 모르고 입이 있어도 말할 줄 모릅니다. 자기가 원하는 삶을 마음대로 살려는, 즉 탐심을 만족시키려는 구조가 우상 숭배의 핵심이기 때문입니다. 한편 우리가 믿는 하나님은 어떤 분이시지요? 우리를 찾아오시고 말씀하시는 분입니다. 세상은 그 하나님께는 무관심한데, 우상은 언제든지 환영합니다.

육체의 일은 우상을 섬기게 합니다. 그러면서 마음껏 자기를 정당화시키고 탐욕을 추구하며 살아가게 하는 것이 우상 숭배의 핵심입니다. 세상은 하나님을 어떻게 섬기는지에 대해서는 관심이 없습니다. 제가 어쩌다 한 번씩 방송에 나가면 PD가 이렇게 신신당부합니다. "종교 이야기는 하시면 안 됩니다." 저는 예수님 이야기밖에 하고 싶은 이야기가 없는데, 그런 저를 왜 불렀는지 모르겠습니다. 주요 관광지를 가 보십시오. 점집이 얼마나 많은지 모릅니다. 그런데 주님에 대한 이야기를 터미널에 가서 했다가는 "여기서 이러시면 안 됩니다" 하고 쫓겨납니다. 그러면 어디서 예수님 이야기를 합니까? 그곳에 있는 사람들도 다 들어야 하는데 말입니다.

이처럼 세상은 점점 더 어리석어 갑니다. 정말 중요한 이야기는 못 하게 하고, 안 해도 되는 이야기는 온갖 매체를 활용해서 전파하려 합니다. 세상이 얼마나 많이 어그러졌는지, 육체의 소욕이 진리로부터 사람들을 얼마나 멀리하게 만드는지를 우리는 거듭 봅니다.

관계의 깨어짐

육체의 일 열다섯 가지 항목 중 여덟 가지나 되는 항목이 무엇입니까? 다 관계가 깨어진 부분에 대한 이야기입니다. 성령의 인도하심과 성령을 따라 행하지 않고 육체의 소욕을 따라 살아갈 때 제일 많이 일어나는 보편적인 현상이 관계가 무너지고 깨어지는 것입니다.

인생을 살아가면서 우리 마음에 드는 사람이 있고 들지 않는 사람이 있습니다. 가까이하고 싶은 사람이 있고 멀리하고 싶은 사람이 있습니다. 그러나 성도는 그런 방식을 따르지 않습니다. 주님이 주신 마음을 따라 사랑하고 용서하고 기다려 주고 믿어 주고 받아 주고 같이 갑니다. 우리는 절대로 사람을 포기하지 않으며 건강한 관계 안에서 그들을 정직하게 만나려고 몸부림칩니다.

육체의 일을 설명할 때 사람을 파괴적으로 대하는 자세와 태도가 네 가지나 되고, 그렇게 사람을 바라보고 대하는 자세가 만들어 낸 결과들이 나머지 네 가지인 것을 보십시오. 관계를 어그러지게 하고 무너지게 만드는 항목이 길고 많다는 사실에 우리는 주목해야 합니다. 육체의 소욕을 따라 살면 얼마나 많은 사람이 다치게 되는지를 볼 수 있습니다.

제일 앞에 '원수 맺는 것'이 나옵니다. 원수 맺는 것을 해석해 보면 '다른 사람과 해결되지 않는 갈등이 있을 때 그것을 강한 적의로 바꾸는 경향입니다. 세상을 살아가면서 때때로 우리의 관계나 문제가 원하는 방식으로 풀리지 않는 순간을 만납니다. 그럴 때 우리는 그들을 미워하고 적개심을 갖습니다. 성도들이 한 번씩 제게 상담하러 올 때 이렇게 말합니다. "목사님, 제가 힘들어하는 저 사람은 모든 사람이 다 힘들어합니다." 이처럼 다른 사람도 그렇다는 것 뒤에 서서 자기를 정당화시킵니다. 육체의 소욕이라고 생각하지 않고, 자기 안에 처리되지 않은 감정을 적개심으로 바꿔 내는 바로 이것이 원수 맺는 것입니다.

참으로 주님은 우리에게 "원수를 사랑하라" 하셨고, "사람을 용서하라" 하셨으며, 사람이 얼마나 복합적이고 다양한지를 알아 절대로 성급한 결론에 이르지 말고 마음으로 오래 참고 견디면서 대하라고 가르치셨습니다. 그런데 우리는 상대와 소통되지 않으면 적개심으로 바꾸는 경향에 너무 쉽게 넘어집니다. 상대를 탓하고 나를 정당화시키면서 끝없이 싸우고 분을 냅니다. 우리 속에 육체를 따르는 원수 맺음이 있다 보니까 끝없이 관계를 어그러뜨리는 것입니다.

이런 일을 불러오는 기본적인 자세 중 하나가 시기와 투기입니다. 시기와 투기는 거의 비슷하지만 굳이 나누어 보면 이렇습니다. 시기는 다른 사람이 나보다 잘되는 것을 싫어하는 것입니다.

성경은 늘 나보다 남을 낮게 여기고, 다른 사람이 잘될 때 함께 기뻐하고 다른 사람들이 안 될 때 함께 울라고 가르칩니다. 그런데 우리 육체의 소욕 안에는 어떤 경향이 있습니까? 남들이 안 되면 "내가 그럴 줄 알았어"라고 말하고 싶어 하는 경향이 있습니다. 한편 남들이 잘될 때는 시기하면서 '내가 잘돼야 하는데 왜 저 사람이 잘될까?' 하는 육체의 소욕이 있습니다.

투기는 다른 사람의 성취를 내 것으로 삼고 싶어 하는 욕망입니다. 세상은 시기와 투기 등을 굉장히 정당화하지만, 복음은 그리고 성경은 그런 것을 죄 없다 하지 않습니다. 성령을 따라 살면서 이 같은 일들은 절대로 반복하거나 행하려 하지 말라고 강력하게 말합니다.

이처럼 우리 속에 있는 관계를 깨뜨리는 어리석은 경향은 결국은 어떻게 됩니까? 당을 짓습니다. 혼자 있으면 따돌림을 당하니까 끝없이 자기의 의견을 붙좇도록 사람들을 모아서 당을 짓는 것입니다.

성경이 제일 싫어하는 죄 중에 전형적인 것은 성적인 타락이지만, 여기에 한 가지 더하면 바로 파당을 만드는 것입니다. 성경은 "성령이 하나 되게 하신 것을 힘써 지키라"(엡 4:3)라고 말하는데, 자기 말을 들어 줄 사람들로 편을 짜서 파당을 구성하는 것은 미련하고 악하고 교회 공동체를 치명적으로 다치게 만드는 나쁜 경향입니다. 조국 교회는 참 어리석게 파당을 너무 많이 짓습니다. 정치적인 이유와 여러 이유로 파당을 지어서 끝없이 싸우지만 그래서는 절대로 안 됩니다. 하나님이 죄 없다 하시지 않을 것입니다. 성경은 세상이 생각하는 흉악한 일만 범죄라고 가르치지 않습니다. 교회 공동체를 찢어 놓는 일은 우리가 생각하는 것보다 훨씬 중한 죄입니다.

그다음 마지막이 이단입니다. 여기서 이단이라고 할 때 종교적인 이단이 아니라 파당을 만들고 떨어져 나가서 마침내 이단이 되는 것을 의미합니다. 즉, 분파를 형성하고 본류에서부터 떨어져 나가는 것을 가리킵니다.

술 취함과 방탕

마지막 두 가지는 술 취함과 방탕함인데, 이 둘의 특징은 한 마디로 중독이라고 할 수 있습니다. 세상을 살아가는 동안 건전한 취미와 레저를 즐길 수 있습니다. 성경은 절대로 그런 것을 정죄하지 않습니다. 대표적으로 많은 사람이 자전거를 타지 않습니까? 저는 자전거 점포 아들로서 자전거 타는 것을 환영하고 지지합니다. 건전한 레저로 얼마든지 응원할 수 있는데, 어느 순간부터 사람들이 길을 잃는 것을 보았습니다. 고급 자전거를 구입해

무게나 사양을 자랑하면서부터 건전한 취미가 중독이 됩니다. 우리는 절대로 그 자리까지 가서는 안 되고 멈추어야 합니다.

육체의 소욕은 우리를 중독으로 데려갑니다. 저는 많은 사람이 그렇게 길을 잃고 더 큰 잘못으로 빠지는 모습을 봐 왔습니다. 성령님은 우리가 창조의 목적에 합당하도록 균형을 갖게 만드시고, 절제가 무엇인지를 가르치시고, 멈추어야 할 지점과 꾸준히 추구해야 하는 지점을 분별하게 만드십니다. 육체의 소욕이 거듭거듭 어딘가에 끝없이 미칠 듯이 함몰되게 할 때 멈추어야 합니다. 그것은 육체가 하는 일이기 때문입니다.

주님이 우리에게 기대하시는 삶의 방식

갈라디아서 5장은 이 항목을 다 열거하고 나서 "이런 일을 하는 자들은 하나님의 나라를 유업으로 받지 못할 것이요"(갈 5:21)라고 경고합니다. 우리는 이 말씀을 절대로 오해해서도 안 되지만 약화시켜서도 안 됩니다.

천국은 틀림없이 우리의 행위로 가는 것이 아니고 은혜로 갑니다. 이 말씀은 우리가 무엇인가 행위를 더해야 한다는 의미가 절대로 아닙니다. 그러나 신앙을 고백하고 교회를 다니고 있기 때문에 육체의 소욕을 거듭거듭 행하면서도 '나는 구원받았을 거야'라고 생각해서도 안 됩니다. 한 번 혹은 두 번 육체의 소욕을 행하면 구원이 없다고 말하는 것도 아닙니다. 어떤 학자가 이 본문을 해석하면서 "점적인 행동이 아니라 선적인 행동을 가리킨다"라고 했는데, 아주 적절한 표현이라고 생각합니다.

점적으로 한 번, 두 번 육체의 소욕을 행하면 구원에 이르지 못한다고 말하는 것이 아닙니다. 육체의 소욕을 반복하여 행하며 그것을 바꾸려고 하지 않고 거듭 행한다면 하나님 나라에 들어갈 수 없다고 성경은 경고합니다. 하나님 나라는 거룩함과 의와 절제의 나라이므로 육체의 일을 탐닉하는 자들은 그곳에서 제외될 것입니다. 바른 윤리나 삶으로 입증되지 않는 믿음은 참 믿음이 아닙니다.

죄가 밉고 역겨워야 죄와 싸우고 죄를 이길 수 있습니다. 우리가 사는 세상은 죄를 아름답게 묘사하고 죄가 더 좋은 즐거움과 행복을 가져다줄 것처럼 묘사합니다. 그러나 성령님이 오셔서 죄의 악함을 보여 주시고 한 사람이 얼마나 존귀하고 영광스러운지 알게 하십니다.

또한 성령님은 우리 속에 있는 죄의 경향들을 이겨 내면서 몸과 마음과 삶을 바르게 사용할 때 천사보다 더 존귀하고 아름다운 섬김과 사랑이 나타날 수 있음을 보여 주십니다.

하나님이 주신 귀중한 삶을 육체의 소욕을 따라 살지 맙시다. 창조의 목적에 맞게 하나님이 우리에게 기대하시는 그대로, 성령의 인도하심을 따라 행하면서 유익한 열매를 맺어 많이 갑시다. 우리는 이렇게 연약하고 한계가 분명한데도 천사와 비교할 수 없는 존귀와 영광을 가지고 있습니다. 그러므로 성령의 열매를 맺음으로 하나님께 영광이 되고, 주변 사람에게 유익을 끼치고, 사람을 살리는 창조의 목적에 합당한 성도가 됩시다. 이것이 바로 주님이 우리에게 기대하시는 삶의 방식입니다.

화종부 목사의 핵심 메시지

- 성령을 따라 행하지 않을 때 열다섯 가지 육체의 일들이 분명히 드러난다.
- 성도의 내면에는 육체의 소욕과 성령이 맞부딪치는 치열한 싸움이 벌어진다.
- 오직 성령님의 인도하심을 따라갈 때, 성도의 존영이 있는 삶을 살아내게 된다.

03

나를 살아가게 하는 동력, **사랑**

사람은 바뀔 수 있습니까?

삶을 돌아보십시오. 가치를 값으로 매길 수 없는 대부분의 귀한 것은 하나님이 거저 주신 선물입니다. 하나님이 주신 생명, 지친 삶에 위로를 주는 자연 만물, 가정과 배필과 자녀, 이 모든 것은 엄격하게 말하면 우리가 노력해서 얻었다기보다는 하나님이 주신 귀한 선물들입니다.

그럼에도 불구하고 "그중에서 제일 귀한 선물이 무엇입니까?"라고 묻는다면 무엇이라고 대답할 수 있지요? 우리를 위해 아들 하나님을 보내신 사건이야말로 아버지께서 주신 제일 귀한 선물이라고 할 수 있습니다. 예수님이 이 땅에 오셔서 우리와 함께 사시고 우리의 질고를 대신 지고 돌아가시고 부활하시고 승천하신

다음 또 다른 보혜사이신 성령을 주신 것입니다. 즉, 아들 하나님과 성령 하나님이 아버지께서 우리에게 주신 제일 귀한 선물이라고 말할 수 있겠습니다.

나를 바꾸어 내시는 최고의 선물

어지간히 신앙생활을 하고 다짐을 해도, 죄를 이기고 하나님이 기대하시는 건강한 삶을 살기란 생각보다 어렵습니다. 이 사실은 깨달을수록 더 많이 알게 됩니다. 정말 믿음으로 살고 싶은데도 뜻대로 안 되는 순간이 참 많습니다.

하나님이 우리의 유익을 위해 주신 율법이나 일반 은총 안에 담긴 교육, 문화, 윤리, 도덕 등은 때때로 우리에게 일정한 유익을 끼칩니다. 마음껏 죄를 짓지 못하도록 절제시키고 억제하는 역할을 해줍니다. 하지만 그것들이 우리를 온전히 바꾸어 놓지는 못합니다.

그런 우리에게 하늘 아버지께서 또 다른 보혜사이신 성령님을 선물로 주셨습니다. 그 성령님은 우리 속사람으로부터 인격 전체를 온전히 바꾸어 내시며 새롭게 하십니다. 우리의 인격이 달라지고, 가치가 달라지고, 생각이 달라지고, 말과 행실이 달라지게 하십니다.

평생 죄의 흉기처럼 사용되던 우리의 삶이 하나님 나라의 의와 하나님 나라의 영광을 위한 의로운 병기로 사용되도록 새롭게 빚어 내십니다. 이처럼 성령님이 우리 삶에 찾아 오셔서 우리를 바꾸어 내시는 역사는 하나님이 우리에게 주신 최고의 선물 중 하나입니다.

그렇지만 우리가 자주 경험하는 것처럼 우리 자신은 물론 주변의 사람들도 변화가 참 더딥니다. 어떤 이는 아예 "사람은 안 바뀝니다"라고 말하기도 합니다.

그렇게 더딘 변화에도 불구하고 우리 삶에 진실한 변화가 가능한 까닭은 우리의 삶 속에 그리스도 대속의 은혜를 따라 성령님이 선물로 주어졌기 때문입니다. 어떤 사람이든 조금 더딘 것 같아도, 그 은혜 안에서 성령님의 도우심으로 진실한 변화를 경험하며 이 땅을 살게 됩니다.

율법이나 도덕 그리고 세상의 여러 교육을 가지고는 할 수 없는 일들을 성령님은 행하십니다. 그분은 우리 내면에서부터 바깥에 이르기까지 진실한 변화가 일어나게 하시는데, 그 중요한 일 중 하나가 성령의 아홉 가지 열매입니다.

성령님의 도우심과 인도하심과 역사하심을 따라 변화가 불가능해 보이던 우리의 삶이 바뀌면서 주님께 있는 귀한 성품들이 우리에게도 맺히기 시작하는 것입니다.

아홉 가지이지만 '열매'인 이유

한 가지 짚고 넘어갈 부분이 있습니다. 앞선 2장에서 살핀 육체의 일 열다섯 가지는 '일들'이라고 부르지만, 뒤이어 나오는 성령의 인도하심을 따를 때는 '열매'라는 단수로 표현됩니다. 성령의 열매는 아홉 가지가 맺히는데, 놀랍게도 단수입니다.

육체를 따라 살아가는 우리의 삶은 말할 수 없이 부조화하고 혼란이 거듭됩니다. 그래서 '일들'이라는 복수로 표현됩니다. 반면, 성령을 따라 행할 때는 일관성이 있고 통일성이 살아 있습니다. 아홉 가지이지만 하나로서 유기적인 연합이 있습니다. 한 가지만 드러나는 것이 아니라 아홉 가지가 동시적으로 함께 맺힙니다. 하나같아 보이지만 아홉이고, 아홉이지만 하나입니다. 따라서 단수로 '열매'라고 표현하는 것입니다.

그렇다면 성령을 따라 행하는 것을 '일'이라고 말하지 않고 '열매'라고 표현한 이유는 무엇일까요? 사람이 노력해서 성취하는 것은 열매라고 하지 않습니다. 우리 속에 들어와서 임재하시며 우리의 삶을 이끌어 가시는 성령님이 주시는 은총의 결과이기에 '열매'입니다.

여기에는 우리의 재능이나 노력으로 열매가 좌지우지되는 것에 강조점이 있지 않습니다. 성령님이 우리같이 자격 없는 자 가운데 오셔서 우리와 함께 열매를 맺어 가신다는 것이 중요합니다. 성령님이 절대로 우리를 포기하심 없이 끝없이 우리 속에 오셔서 은총의 단비를 부어 주실 때 맺고 거두는 것이기에 '열매'라고 표현합니다.

성령님이 내주하시면서 우리의 삶이 경험하는 풍요로움, 그분이 우리의 삶에 주시는 맛깔스러움, 우리를 통해서 이웃에게 흘려보내고 나누게 하시는 삶의 유익 등을 성경은 열매라는 이름으로 표현하고 있는 것입니다.

우리는 삶에서 많은 연약함을 경험합니다. 우리가 생각하는 것보다 얼마나 더 나쁘고, 얼마나 더 문제가 많고, 얼마나 더 많은 한계와 모순이 있는지 우리는 순간순간 참 많이 경험하며 살아갑니다. 그렇다고 해서 때때로 우리 삶이라는 것이 별로 의미가 없는 것처럼 생각해서는 안 됩니다. 성령님이 우리의 삶에 선물처럼 오셔서 우리로 하여금 열매를 맺게 하시고 우리로 행복을 누릴 뿐 아니라 많은 이웃에게 유익을 나누게 하시는 그 부름이 모든 진실한 성도들에게 있다는 사실을 절대로 잊어서는 안 됩니다.

우리는 결코 평범한 소수가 아닙니다. 세상이 우리더러 무엇이라고 칭하든지 아무 관계 없이, 우리는 열매를 맺음으로 이 땅의 많은 사람을 축복하도록 부름받은 하나님의 귀한 백성임을 기억하십시오.

예수 믿는 우리가 세상을 사는 방식

기독교 신앙의 생명은 인격성입니다. 살아 계신 주님을 어느 순간 만나서 그 주님을 세월이 흘러 가면서 더 알아 가고, 알게 된 주님을 더 사랑하고, 사랑하는 주님을 더 많이 닮아 갑니다. 우리는 세상 사람들처럼 이런저런 일을 잘하기 위해서 부름을 받은 것이 아닙니다. 우리는 존재와 삶 전부를 가지고 하나님을 드러내고, 그분을 영화롭게 하고, 그분을 사랑하고, 그분을 더 많이 닮아 가야 합니다. 이것이 우리 신앙의 핵심이고 중추입니다.

성령의 아홉 가지 열매를 한 마디로 한다면 '예수 닮음'입니다. 거칠고, 세상적이고, 자기밖에 모르고, 끝없이 육체를 따라 살 수밖에 없는 미련하고 어리석은 우리 속에 성령님이 들어오셔서 주님의 아름다움이 묻어나도록 빚어 내시는 것이 열매를 맺는 과정입니다. 예수님을 닮아 가는 과정이 바로 열매를 맺는 것입니다.

세상은 재능이 얼마나 있는가, 능력이 얼마나 출중한가 등에 초점을 맞추고 그런 것들을 추구합니다. 교회도 때때로 어리석게 그러한 세상의 경향을 좇았기에 교회 안에서도 은사에 많은 초점을 두어 왔습니다.

그러나 성경이 우리에게 기대하는 것은 은사가 아니라 열매입니다. 성령님이 우리 속에 들어와 계셔서 그 결과 예수 닮음으로 빚어 내시는 열매야말로 우리가 어떤 사람인지, 정말 제대로 믿는 사람인지를 증거합니다. 세상은 '무슨 일을 하는가'가 그 사람인 것처럼 말합니다. 하지만 성경은 '어떤 사람인가'가 핵심이고 그렇기 때문에 그런 삶의 모습이 나와야 그것이 진짜 성경이 기대하는 삶이라고 말합니다. '사람들에게 어떤 사람으로 보이는가'가 중요한 것이 아닙니다. '하나님의 눈앞에서 정말 어떤 존재인가?' 하는 것이 열매가 다루는 주제입니다.

열매를 맺는 이 일에 꼭 필요한 것은 시간입니다. 이 일은 공산품을 찍어 내듯 원하는 대로 찍어 낼 수 있는 것이 아닙니다. 주님을 알아 가고 주님을 사랑해 가며 만들어 내는 주님 닮음은 시간을 요하는 일이고, 정확하게 표현하면 평생이 걸리는 일입니다. 우리의 평생을 들여 예수 닮음이 더 많이 묻어나게 하는 것, 이것이 예수 믿는 우리가 세상을 사는 방식입니다.

존 스토트(John Stott)는 2011년에 주님 품으로 가기까지 매일 아침 평생토록 성령의 아홉 가지 열매가 자신의 삶에 풍성하도록 기도했다고 합니다. 저는 감사하게도 그분이 살아 계실 때 영국에서 서너 차례 만나 볼 기회가 있었습니다.

그분을 잘 아는 몇몇 영국 사람들이 저에게 말하기를 "우리가 만난 사람 중에 제일 예수님을 닮았던 분은 존 스토트입니다"라고 말하곤 했습니다. 하나님이 그의 삶 속에 성령의 열매가 무르익게 하심으로써 그가 날마다 드린 기도에 응답하셨기 때문입니다. 귀한 성령의 아홉 가지 열매를 다룰 때 그저 성경 안에 있는 이런저런 주제를 다루듯 여기지 않기를 바랍니다. 평생 이 주제를 붙들고 아침마다 기도했던 스토트처럼 우리의 삶에 예수 닮음이 더 온전하게 묻어나고, 그 예수 닮음으로 많은 유익을 이웃에게 끼치고 나누는 귀하고 복된 기회가 되기를 바랍니다.

그 중의 제일은 사랑입니다

아홉 가지 열매의 첫 출발은 '사랑'입니다. 그런데 이제 이 열매를 하나하나 다루면서 또다시 가장 먼저 사랑이 등장합니다. 위대한 사랑장인 고린도전서 13장은 다음과 같이 사랑을 강조합니다.

> 내가 사람의 방언과 천사의 말을 할지라도 사랑이 없으면 소리나는 구리와 울리는 꽹과리가 되고 내가 예언하는 능력이 있어 모든 비밀과 모든 지식을 알고 또 산을 옮길 만한 모든 믿음이 있을지라도 사랑이 없으면 내가 아무 것도 아니요 내가 내게 있는 모든 것으로 구제하고 또 내 몸을 불사르게 내줄지라도 사랑이 없으면 내게 아무 유익이 없느니라 고전 13:1-3

목사로서 제 평생의 꿈은 성경 본문을 잘 열어서 성도들이 설교를 들을 때 하나님이 말씀하시는 것처럼 듣도록 하는 것입니다. 그런데 만약 실제로 그런 일이 일어나서 사람들이 유익을 얻는 것 같아도, 사랑이 없으면 아무것도 아니라고 하십니다. 감동을 받고 눈물을 흘리고 말씀을 깨닫는 것 같지만 사실은 아무 일도 아닌 것에 불과합니다. 모든 것이 제 역할을 하게 만드는 것은 사랑입니다. 사랑이야말로 모든 것을 모든 것 되게 하는 근원입니다.

하지만 너무나 놀랍게도 가지고 있는 모든 것으로 구제하고 흘려보내고 나누면서 몸까지 다 불사르게 내주는데도 사랑이 없으면 아무 유익도 끼치지 못한다고 성경은 말합니다. 사람이 얼마나 악하고 어리석고 외식적인 존재인지 모릅니다. 사랑이 없는데도 자기 몸을 불사르게 내줄 수 있다고 성경은 지적합니다.

이것이 인생의 허망함이며 어리석음이며 악함의 중추 중 하나입니다. 마음속에 사랑이 전혀 없는데 사람들이 보고 있으니까 몸을 불사르게 내줍니다. 아무 유익도 없는 그처럼 어리석은 삶을 살 수 있는 존재가 바로 사람입니다. 그러나 사랑이 함께하지 않으면 제대로 된 유익을 끼칠 수 없습니다.

자신의 신앙생활을 돌아보십시오. 목회자로서 오랜 시간 여러 사람을 섬기면서 지켜보니, 사람들이 거듭나서 성도가 되고 주님의 사람이 되는 과정은 사람마다 다릅니다. 모태 신앙도 있고 도중에 믿은 사람도 있습니다. 과정도 다 다릅니다. 많은 시련을 겪고 믿는 사람도 있고 그저 자연스럽게 예수님을 믿게 되는 사람도 있습니다.

'아! 하나님이 살아 계시구나' 하고 깨닫는 것도 우리 삶에 변화를 줍니다. 하지만 그에 못지않게, 어쩌면 그보다 더 강한 힘이 있는데 그것은 바로 '아, 하나님이 나를 사랑하신다!' 하는 것입니다. 이 사실을 깨달을 때 우리의 내면이 깊이 감동하면서 죄를 물처럼 먹고 마시던 우리가 거룩을 선택하기 시작합니다. 내가 원하는 대로 살고 싶어 하던 어리석은 우리가 주님이 원하시는 삶을 살고 싶어 하게 됩니다. 그 변화는 '아, 하나님이 나를 사랑하신다!' 할 때 비로소 우리 삶에 찾아오는 예수 믿는 맛입니다.

억지로, 어쩔 수 없이, 남들이 하니까 그렇게 하는 것이 아닙니다. 하나님이 나를 사랑하신다는 것을 깨닫고는 아무것도 아까워하지 않게 됩니다. 더 이상 과거처럼 살지 않겠다고 기꺼이 다짐하고 돌이키는 그 모든 수고는 사랑을 깨달았을 때 우리의 삶에 온전하게 역사하기 시작합니다. 그 하나님의 사랑이 우리로 하여금 과거의 악함을 떨쳐내고 오늘의 거룩과 사랑을 행하게 하는 동력이 됩니다.

저에게도 예수 믿는 것과 주님의 사랑을 깨닫는 것 사이에 간극이 있었습니다. 그러다 어느 순간부터 '아, 절대자가 계시구나' 하는 것이 믿어졌습니다. 하지만 상당한 시간 동안 '하나님이 나를 사랑하신다' 하는 사실은 믿기지가 않았습니다. 그래서 저는 여러 번 주님께 질문했습니다. "삶이 이렇게 아프고 어려운데, 이런 내 삶의 자리에서 하나님이 나를 사랑하신다는 것이 말이 됩니까?" 그러다 여러 해가 흘렀을 때 사랑이 바닷물 밀려오듯 밀려와 제 가슴을 적셨습니다. 그 순간 제 어깨를 짓누르던 무거운 짐이 굴러떨어졌습니다. 미래에 대한 불확실함과 세상의 험악함에 관한 무수한 짐들이 양어깨에 있었는데 '아, 하나님이 나를 사랑하신다' 하고 깨달아지자 그 짐들이 굴러떨어졌습니다. 그러면서 자유가 무엇인지 경험되기 시작했고, 예수 믿는 맛이 경험되기 시작했습니다.

사랑은 열매로서 가장 중요합니다. 주님이 우리를 얼마나 사랑하시는가 하는 것은 복음이 말하고 싶어 하는 메시지의 핵심 중 하나입니다. 그렇게 주님의 사랑을 알고 나니까 그 사랑으로 주님을 사랑하고, 그 사랑으로 이웃을 사랑하게 됩니다. 이것이 본문이 말하고 싶어 하는 성령의 열매로서, 사랑의 핵심입니다. 사랑을 받았기 때문에 그 사랑을 알고서 우리도 하나님을 사랑하는 그 사랑으로 이웃을 사랑하는 것, 이것이 성령의 열매인 사랑입니다. 이웃을 향한 사랑이 생명 있는 자들이 맺는 열매인 것입니다.

사랑은 동사입니다

사랑하는 여러분, 많은 사람이 사랑은 어떤 감정일 것이라고 생각합니다. 다른 것과는 비교되는 감정을 사랑이라고 생각하기에, 사랑을 어떤 상태를 가리키는 것처럼 여깁니다. 그러나 성경이 말하는 사랑은 상태로서 형용사가 아닙니다. 성경이 가르치는 사랑은 동사입니다.

고린도전서 13장에 열다섯 가지의 사랑이 나오는데, 그 사랑은 하나같이 동사입니다. 우리가 큰 희생을 치르고 큰 상처를 입게 될지라도 절대로 포기하지 않고, 돌보고, 필요를 채워 주고, 격려하고, 지지해 주는 구체적인 행실이 성경이 말하는 사랑입니다.

주님이 우리에게 가르쳐 주신 아가페 사랑은 대상을 가리지 않습니다. 반면에 세상이 말하는 사랑은 대상을 얼마나 가리는지 모릅니다. 내 자식이 아니니까 내 자식처럼 사랑하지 않습니다. 내 마음에 드는 사람이 아니기 때문에 내가 좋아하는 벗들처럼 사랑하려고 하지 않습니다. 그런데 주님이 우리에게 보여 주시고 가르쳐 주신 아가페 사랑은 그런 사랑이 아닙니다. 누구든지 대상을 가리지 않고 조건에 근거하지 않고 사랑합니다. 원수를 사랑하고, 미워하는 자를 선대하고, 일곱 번을 일흔 번씩 용서하면서 하는 사랑이 주님이 우리에게 가르쳐 주신 사랑입니다.

성경에서 '사랑' 하면 머릿속에 제일 먼저 떠오르는 인물이 누구입니까? 저는 사도 요한이 떠올랐습니다. 그는 별명이 '사랑의 사도'일 만큼 사랑에 대한 무수한 권면들을 남겨 두었는데 그의 복음서, 특별히 요한일서에 많이 담겨 있습니다.

주님의 사랑이 바닷물이 밀려오듯 제 영혼 속으로 밀려왔을 때의 말씀이 요한일서 4장이었습니다. 좀처럼 경험되지 않던 주님의 사랑이 제 마음속에 경험되기 시작했습니다. 요한의 권면 중에 몇 가지를 함께 살펴보겠습니다.

새 계명을 너희에게 주노니 서로 사랑하라 내가 너희를 사랑한 것 같이 너희도 서로 사랑하라 너희가 서로 사랑하면 이로써 모든 사람이 너희가 내 제자인 줄 알리라 요 13:34-35

내 계명은 곧 내가 너희를 사랑한 것 같이 너희도 서로 사랑하라 하는 이것이니라 요 15:12

이러므로 하나님의 자녀들과 마귀의 자녀들이 드러나나니 무릇 의를 행하지 아니하는 자나 또는 그 형제를 사랑하지 아니하는 자는 하나님께 속하지 아니하니라 우리는 서로 사랑할지니 이는 너희가 처음부터 들은 소식이라 요일 3:10-11

우리는 형제를 사랑함으로 사망에서 옮겨 생명으로 들어간 줄을 알거니와 사랑하지 아니하는 자는 사망에 머물러 있느니라 … 자녀들아 우리가 말과 혀로만 사랑하지 말고 행함과 진실함으로 하자 요일 3:14-18

사랑하는 자들아 우리가 서로 사랑하자 사랑은 하나님께 속한 것이니 사랑하는 자마다 하나님으로부터 나서 하나님을 알고 사랑하지 아니하는 자는 하나님을 알지 못하나니 이는 하나님은 사랑이심이라 하나님의 사랑이 우리에게 이렇게 나타난 바 되었으니 하나님이 자기의 독생자를 세상에 보내심은 그로 말미암아 우리를 살리려 하심이라 사랑은 여기 있으니 우리가 하나님을 사랑한 것이 아니요 하나님이 우리를 사랑하사 우리 죄를 속하기 위하여 화목제물로 그 아들을 보내셨음이라 사랑하는 자들아 하나님이 이같이 우리를 사랑하셨은즉 우리도 서로 사랑하는 것이 마땅하도다 어느 때나 하나님을 본 사람이 없으되 만일 우리가 서로 사

랑하면 하나님이 우리 안에 거하시고 그의 사랑이 우리 안에 온전히 이루어지느니라 요일 4:7-12

사랑은 생명이 있다는 너무 중요한 증거라고 성경은 이야기합니다. 모든 살아 있는 개체들은 열매를 맺습니다. 그런데 우리 안에 부모로부터 받은 생명 말고 예수님이 니고데모에게 말씀하셨던 한 번 더 태어나는 생명, 예수님이 우리에게 주시는 생명, '영생'이라고 부르는 그 생명이 있는 줄을 어떻게 알 수 있다고 성경은 말합니까? 형제를 사랑함으로 알 수 있습니다. 예수님이 우리 속에 오셔서 성령의 도우심을 따라 당신을 닮도록 빚어 내실 때, 주님이 우리를 향해 베푸신 위대한 선물인 사랑이 우리 속에 있게 됩니다. 그리고 그분을 따라 누군가를 참되게 사랑하는 일이 일어납니다. 이것이 귀하신 예수님이 주신 새 생명의 증거이고 표시입니다.

제가 자란 내수동교회를 생각할 때 잊지 못하는 것은 형들과 누나들이 베풀어 준 사랑입니다. 제가 청년부를 대상으로 부흥회나 특강을 하게 될 때마다 선택하는 주제는 몇 가지로 정해져 있습니다. 그중 첫 번째가 "사랑은 언제나 위에서부터 아래로 흐른다"입니다. 교회가 살아 있는지, 성도가 제대로 믿는지를 어디서 확인하면 됩니까? 사랑하고 있는가를 보면 됩니다. 오늘 우리가 사는 이 시대는 많은 사람이 바른 이야기, 옳은 말을 하는 것 같은데 아무 유익이 없습니다. 그 이유는 사랑으로 하지 않기 때문입니다. 다른 사람을 정죄하고 내가 옳다는 이야기를 할 뿐, 사랑하기 때문에 그를 살려 내고 유익하게 하고 그의 삶에 많은 은혜와 복이 임하도록 하지 않습니다. 혹, 바른말을 하기는 하는데 사랑 없이 하기 때문에 찌르는 칼과 같이 무익한 것이 오늘 우리가 사는 이 시대의 아픔입니다.

사랑은 믿음의 증거입니다

사랑은 믿음의 증거입니다. 우리가 제대로 믿는지는 무엇을 보면 알 수 있습니까? 마음속에 미움과 분노와 불평과 억울함이 쌓여 있다면, 사도 요한의 관점에서 보면 아직 주님을 알아야 할 대로 알지 못한 것입니다. 야고보가 "행함이 없는 믿음은 죽은 것이다"라고 말했다면, 요한은 "사랑하지 않는 믿음은 죽은 것이다"라고 말합니다. 우리 속에 정말 예수님을 믿는 믿음이 있으면, 은혜의 성령님이 들어와 계시면 우리의 삶에는 그 믿음을 가지고 끝없이 누군가를 진실하게 사랑함으로 그 믿음의 실체가 드러나는 열매 맺음이 있기 마련입니다.

또한 사랑은 예수님과 하나님에 대한 증거입니다. 내수동교회를 다니면서 형들과 누나들로부터 사랑을 받을 때 저는 정말 하나님을 알고 싶었습니다. 그래서 제가 자주 기도한 제목 중 하나가 "형들과 누나들처럼 예수 믿고 싶어요"였습니다. 형과 누나들을 보면서 저 사람들이 믿는 하나님, 저 사람들이 믿는 예수님을 저도 믿고 싶어졌습니다.

사랑하는 여러분, 사랑은 증거입니다. 우리 삶에 그분이 계시고, 그분이 우리 삶에 역사하시는 표시가 사랑입니다. 다 말라비틀어진 나뭇조각같이 아무 맛도, 물기도 없는 우리 속에 누군가를 사랑하는 촉촉한 마음이 생기는 것은 하나님과 예수님이 우리 삶 속에 드러내신 영광입니다. 사도 요한은 요한복음 1장에서 예수님에 대해 이렇게 말합니다.

> 본래 하나님을 본 사람이 없으되 아버지 품속에 있는 독생하신 하나님이 나타내셨느니라 요 1:18

예수님이 이 땅에 오심으로 눈으로 본 적이 없는 그 하나님을 나타내셨다는 말씀입니다. 사람들이 눈으로 보고 알 수 있도록 하나님이 예수님을 통해서 나타내신 바 되었다는 것입니다. 요한일서 4장에서도 요한은 비슷한 방식으로 말합니다.

> 어느 때나 하나님을 본 사람이 없으되 만일 우리가 서로 사랑하면 하나님이 우리 안에 거하시고 그의 사랑이 우리 안에 온전히 이루어지느니라 요일 4:12

하나님을 본 사람이 없는데, 예수님이 떠나가신 지금 하나님을 볼 수 있는 길이 무엇입니까? 성도가 서로 사랑할 때, 그 안에 사랑이신 하나님이 거하시면서 그분 자신을 나타내시는 복됨과 영광이 있습니다. 성령의 아홉 가지 열매를 살펴보는 귀한 여정을 시작하면서 하나님 앞에 소원하고 기도하는 목표 지점을 정해 봅시다.

"하나님, 저도 하나님이 저에게 가르쳐 주신 그대로 누군가를 조건에 근거하지 않고, 자격에 근거하지 않고, 절대로 사람을 가리지 않고 마음을 다해서 대하고 싶습니다. 원수라도, 나를 미워하는 사람이라도 선대하는 바른 사랑을 하고 싶습니다. 말과 혀로만 사랑하지 않고 나를 부정하고 나를 희생하면서 종이 되는, 제대로 된 사랑을 하는 삶을 살고 싶습니다.

주님이 제 삶을 뒤집는 권능과 역사로 주님의 사랑을 알게 하신 것처럼, 저를 만나는 사람이 누구든지 사랑하고 사랑받고 있음을 알게 하여 주십시오. 이 은혜의 유익과 역사하는 은총의 나눔이 제가 가는 곳마다 있게 해 주십시오."

존 스토트가 기도했던 것처럼 마음을 담아 사모하면서 사람을 사랑하기를 다짐합시다. 그렇게 사랑을 행하는 우리가 가는 곳곳마다 성령의 열매의 아름다움과 맛과 유익이 많은 사람에게 흘러가는 복되고 귀한 여정이 시작되기를 기대하고 축복합니다.

화종부 목사의 핵심 메시지

- 성령님은 불가능해 보이던 우리를 바꾸어 진실한 변화가 일어나게 하신다.
- 성령님의 도우심으로 주님께 있는 귀한 성품이 우리에게도 맺히기 시작한다.
- 주님의 사랑을 알면 그 사랑으로 누군가를 참되게 사랑하는 일이 일어난다.

04

내 삶을 관통하여
흐르는 표식,
희락

하나님이 나를 다스리실 때 어떤 일이 일어납니까?

성령의 아홉 가지 열매 가운데 두 번째 열매는 '희락'입니다. 희락은 '기쁨'이라고도 번역할 수 있겠습니다. 예수님이 우리에게 가장 가르치고 싶어 하셨던 하나님 나라를 바울은 이렇게 표현했습니다.

하나님의 나라는 먹는 것과 마시는 것이 아니요 오직 성령 안에 있는 의와 평강과 희락이라 롬 14:17

하나님 나라의 아주 중요한 표지 중 하나를 '기쁨' 혹은 '희락'이라고 말합니다. 이 기쁨은 성령의 열매 중 하나입니다.

성령님이 우리 삶 속으로 임재해 들어와 계실 때 생기는 기쁨은 유쾌하거나 만족스러운 감정의 상태를 말하는 정도가 아닙니다. 우리의 기분이라는 것이 사실 환경이나 상황이나 여러 여건에 따라서 왔다 갔다 하지 않습니까. 하지만 성경이 말하는 기쁨은 그런 종류가 아니라 뿌리를 깊이 내리는 심오한 기쁨입니다.

이처럼 예수님을 믿게 되었을 때 우리 삶에 들어와서 우리를 특징짓게 만드는 희락의 특징 중 하나는 심오함입니다. 기쁨이 우리의 일상을 관통하여 흐르고 뿌리 깊게 내리는 것, 이것이 성령의 열매 중 두 번째인 '희락'이 가진 의미입니다. 이와 같은 기쁨이 우리 삶에 자리 잡는 일은 어떻게 가능할까요?

복음과 하나님을 아는 지식이 주는 희락

첫째, 하나님을 아는 지식이 있을 때 기쁨이 우리 삶에 맺힙니다. 하나님을 아는 지식이 기쁨을 만들어 내기 때문입니다. '하나님이 얼마나 아름다우신가!'는 하나님의 하나님 되심을 깨닫는 데서 오는 기쁨입니다.

이 기쁨은 우리가 세상에서 흔히 보는 기쁨과 깊이가 다릅니다. 이 기쁨은 하나님의 아름다우심과 말할 수 없이 존귀하심을 기뻐하고 즐거워하는 데서부터 출발합니다. 우리가 하나님을 잘 모르고 살 때는 이런 기쁨이 없었습니다. 그런데 하나님을 알게 될 때, '하나님이 얼마나 완전하신 분인가! 얼마나 아름답고 귀하신가!'를 우리의 영혼이 깨달으면서 그분을 기뻐하고 즐거워함이 만들어 내는 기쁨이 생겨 납니다.

성도가 세상을 사는 가장 중요한 목적 중 하나가 무엇입니까? 하나님을 영원토록 기뻐하고 즐거워하는 것입니다. 하나님을 기뻐하고, 하나님을 즐거워하고, 하나님을 알아 가면서 하나님을 사랑하는 것이 성도에게 있는 모든 기쁨의 뿌리입니다. 달리 표현하면, 예수님이 우리의 구주이시고 예수님이 우리 삶의 참 주인이심을 아는 데서 오는 기쁨이라고 할 수 있습니다.

이 세상을 살아가는 동안 우리 인생살이에 짐이 얼마나 많습니까? 지난 여러 해 동안 성도들을 섬기면서 이렇게 말하는 것을 자주 들었습니다. "목사님, 이 수고와 어려움만 지나가면 그다음부터는 잘할 거예요." 그런데 그 수고와 어려움이 끝나면 또 다른 수고와 어려움이 찾아오지 않습니까? 대부분이 그렇게 사는 것을 저는 보아 왔습니다.

그렇지만 이 수고와 어려움이 많은 세상에서 내가 책임을 지고 내가 모든 것을 감당해야 하는 것이 아니라, 내 인생의 주인이신 그분이 내 삶을 이끌어 가시는 데서부터 오는 자유와 평안과 기쁨, 이것이 모든 기쁨의 뿌리에 해당합니다.

예수님은 우리의 구주이실 뿐 아니라 우리의 주인이십니다. 이것은 우리 기쁨의 핵심입니다. 바벨론 포로 생활에서 귀환한 이스라엘 백성이 느헤미야를 중심으로 예루살렘 성벽 재건을 마친 후 성벽 봉헌식을 드리는 감격스러운 날에 백성들은 자신들의 죄를 깨닫고 하나님 앞에 울었습니다.

그러자 느헤미야는 오늘이 얼마나 기쁘고 즐거운 날인지를 이야기하면서 이렇게 표현했습니다.

여호와로 인하여 기뻐하는 것이 너희의 힘이니라 느 8:10

세상을 살면서 주님 때문에 기뻐하고 주님 때문에 즐거워하는 것이 우리가 세상을 살아 내는 힘이라는 의미입니다. 세상이 흔히 말하듯 어려움이나 문제가 없고 원하는 일이 잘될 때만 기뻐하려면 우리 평생에 기뻐할 수 있는 시간이 얼마나 적겠습니까?

그런데 우리는 그런 것 때문에 기뻐하지 않습니다. 물론 그런 것도 기쁘지만, 삶의 어떤 자리에서도 빼앗길 수 없는 기쁨이 우리의 삶에 생겼습니다. "여호와로 인하여 기뻐하는 것"이 우리가 세상을 살아 내는 능력이요 힘입니다.

시편 16편은 시편 중에 '황금 면류관'이라고 불리는 시입니다. 시편 기자는 이렇게 고백합니다.

주께서 생명의 길을 내게 보이시리니 주의 앞에는 충만한 기쁨이 있고 주의 오른쪽에는 영원한 즐거움이 있나이다 시 16:11

시편 기자는 주님을 알아 가면서 주님 앞에는 충만한 기쁨이 있고, 주님의 오른쪽에는 영원한 즐거움이 있다는 것을 깨달았습니다. 주님이 계신 그곳에 우리의 기쁨이 있다는 뜻입니다.

두 번째로, 복음을 아는 지식도 우리에게 큰 기쁨을 가져다줍니다. 복음은 '좋은 소식'(Good News)입니다. 속성 자체가 '좋은' 소식이기 때문에 우리에게 기쁨을 줍니다. '하나님이 우리를 향한 넘치는 사랑과 풍성한 은혜 때문에 그리스도를 통해서 우리를 위해 어떤 일을 행해 주셨는가' 하는 것이 복음의 핵심입니다.

이처럼 좋은 소식이 우리 삶에 들릴 때 무슨 일이 일어납니까? 우리의 심령을 짓누르고 아프게 하는 무수한 한계와 모순과 죄 됨과 어리석음과 부패함에 대해 자유가 주어집니다. 자격 없고, 아무 공로 없지만 하나님의 놀라운 사랑과 은혜와 예수님이 행하신 모든 일 때문에 우리의 죄가 용서되고, 영생을 얻고, 죄를 향한 완전한 승리가 우리 앞에 있게 됩니다. 악한 죄와 악의 모든 권세가 무너지고 파하는 완전한 이김이 약속됩니다. 이 귀한 복음을 들려주실 때 우리는 그 복음을 통한 기쁨을 알게 되는 것입니다.

주님이 이 땅에 오실 때 천사가 목자들에게 나타나서 한 말을 기억해 보십시오.

보라 내가 온 백성에게 미칠 큰 기쁨의 좋은 소식을 너희에게 전하노라 눅 2:10

온 백성에게 미칠 '큰' 기쁨의 좋은 소식이 우리의 인생을 관통하고 흐르기에, 우리가 삶에서 무수한 경험을 하면서 살아가더라도 기쁨을 빼앗길 수 없게 하신다는 의미입니다. "큰 기쁨의 좋은 소식"은 "예수님이 오셨다!"는 것입니다.

예배로 지속되는 희락

그런데 이 같은 기쁨이 우리 삶 속에 얼마나 지속됩니까? 우리는 그 기쁨을 계속해서 기뻐하지 못하는 약점을 갖고 있는 인생들입니다. 그래서 하나님이 우리에게 주신 것이 예배입니다. 예배를 통해 우리에게 즐거울 일을 주신 것입니다.

이 놀라운 구원과 하나님 나라를 예수님은 주로 혼인 잔치에 비유하셨습니다. 요즘이야 텔레비전이나 스마트폰으로 코미디 프로그램 또는 영화나 드라마를 보면서 사람들이 행복해하고 좋아하지만 제가 어렸을 때만 해도 아무것도 없었습니다. 그때 제일 좋은 일이 바로 혼인 잔치였습니다. 지금도 기억이 납니다. 동네에 결혼식이 있으면 그날은 여지없이 닭 잡는 소리, 돼지 잡는 소리가 들려옵니다. 그러면 "오늘은 좀 제대로 먹는 날이구나!" 하며 행복해하고 기뻐했습니다. 그때 그 느낌이 아직도 생생한데, 그와 같은 기쁨이 하나님이 우리에게 주신 예배를 드릴 때에도 있다는 것입니다.

우리는 본성적으로 죄 중에 태어났기 때문에 죄가 지배하는 세상의 논리는 우리의 귀를 솔깃하게 만듭니다. 끝없이 세상의 이야기에 마음을 빼앗깁니다. 그런 것들은 굳이 외우지 않아도 들으면 바로 외울 정도입니다.

반면 주일 예배에 아무리 은혜를 받아도 예배당 문을 열고 나갈 때면 어떻습니까? "오늘 목사님이 뭐라고 하셨지?" 하면서 설교 내용은 다 잊어버립니다. 어떤 때는 별로 영양가 없는 예화만 기억하고는 "오늘 그 이야기 참 우스웠어, 그치? 우리 목사님 참 아재야. 아재 개그!" 그러고는 나가는 분이 얼마나 많은지 모릅니다.

세상의 논리는 귀에 솔깃하게 들어오고 쉽게 우리의 마음을 빼앗습니다. 하지만 진리는, 하나님의 귀한 생명의 말씀은, 살아 계신 그분에 대한 바른 지식은 우리 마음에 뿌리내리기가 쉽지 않습니다.

하나님은 이처럼 어리석은 우리에게 예배라는 구조를 주셨습니다. 생명의 말씀이 우리에게 들릴 때 하나님의 마음을 다시 헤아리게 되고, 우리의 잘못된 시각과 시선과 생각을 말씀을 기준으로 다시 교정하게 됩니다. 비록 시간이 걸리고 한걸음에 내딛지 못할지라도 하나님은 우리를 절대로 포기하지 않으십니다.

바로 그 하나님의 신실하심 때문에 우리가 예배의 공간에 와서 사랑하는 지체들과 함께 주님의 이름을 부르면서 기쁨을 다시 회복해 내는 구조를 우리에게 주신 것입니다. 마치 혼인 잔치처럼 말입니다.

우리의 본성에 익숙한 논리가 아니라, 하나님의 귀한 말씀을 들으면서 또 사랑하는 지체들을 보면서 생각과 관점을 다시 조정해야 합니다. 세상은 우리의 욕망을 부추기며 "이러면 행복하다, 저러면 기쁘다"고 말합니다. 물론 정말 그런 한순간의 행복이 있고 짧은 기쁨이 있습니다.

하지만 그것은 얼마나 변덕스럽습니까. 짧게나마 찾아오는 기쁨이 잠시 있겠지만, 그런 것은 우리를 사람답게 해주거나 하나님의 형상과 모양다운 존영을 가져다주지 않습니다. 그렇다 보니 잠시만 기쁘고, 본질적으로는 우리를 채우지 못하는 아픔이 있는 것입니다.

그런데 하나님은 우리에게 예배를 주시고 절기를 허락하시면서 혼인 잔치에 참여하는 것처럼 기쁨을 회복해 내십니다. 우리가 어디를 바라보고 어디를 향해 살아가는지를 다시 기억하면서 기쁨을 빼앗기지 않게 하시는 것입니다.

사랑하는 여러분, 지난 40년 목회를 하면서 보니까 천하 없이 예수를 잘 믿는 사람 같아도 예배에 연달아 세 번 빠지면 장사가 없는 모습을 보아 왔습니다. 그들의 믿음이 곧 약해지고 마음이 냉랭해지는 모습을 보았습니다. 기쁨을 빼앗기고 중심이 차가워지면서 넘어지고 실패하는 많은 사람을 보았습니다.

저는 하나님이 얼마나 놀라우신 분인가 하는 것을 자주 경험하곤 합니다. 열 가지 재앙을 가지고 애굽을 치실 때를 생각해 보십시오. 세상에 입이 떡 벌어질 만한 것들로 일어난 재앙들이 아닙니다. 개구리, 이 등 희한한 것을 가지고 당대 최고의 강대국이던 애굽을 무릎 꿇리셨습니다.

처음 신앙생활 할 때는 이해할 수가 없었습니다. 세상 사람들이 보고 깜짝 놀랄 만큼 어마어마한 것들을 사용해 재앙을 내리셔서 "아, 하나님은 강대국을 한주먹으로 궤멸시키는 분이시구나!" 해야 하나님이 훨씬 더 영화로우시고 좋으실 것 같았습니다. 하지만 하나님은 그렇게 무릎 꿇리지 않으십니다. 그분은 개구리나 이를 사용하셨습니다.

예배는 얼마나 미련한 구조인지 모릅니다. 그런데도 목회를 하면 할수록, 세월이 가면 갈수록 예배가 얼마나 중요한지를 느끼게 됩니다. 물론 다양한 이유로 예배당에 나오지 못하는 분들이 있고, 충분히 이해받아야 한다고 생각합니다. 그러나 예배 현장에 모이는 것과 모이지 않는 것은 하늘과 땅 차이라는 사실을 기억해야 합니다.

주 안에 사랑하는 여러분, 이 땅에서 뭔가 잘돼야 행복해진다는 어리석은 세상의 논리 앞에 굴복하지 맙시다. 우리는 이 땅을 살아가면서 사랑하는 지체들이 함께 모이는 예배와 귀한 절기들을 통해 우리의 삶에 하나님이 주신 본질적인 기쁨을 빼앗기지 않게 하시는 영광을 경험하고 누리게 됩니다.

특별히 성도의 사귐과 교제는 우리가 이 땅에서 경험할 수 있는 최고의 행복 중 하나입니다. 이 사실을 모르고 신앙생활 하면 신앙생활의 60퍼센트는 빼앗기는 것입니다.

성도의 사귐과 교제로 누리는 희락

조국 교회의 많은 성도가 신앙생활을 하나님과 내가 하는 것이라고 생각합니다. 물론 이것도 틀림없지만, 하나님과 나만 하게 되면 다른 지체들의 자리가 없습니다.

우리는 참 어리석어서 내 피붙이밖에는 사랑할 줄 모르는 이기적인 존재들입니다. 그런 우리에게 하나님은 사랑하는 지체들을 주셔서 가족의 테두리를 뛰어넘는 가족, 사람의 이기성을 깨뜨리고 뛰어넘어서 말씀에 순종하는 새로운 가족에 대한 관점을 갖게 하셨습니다.

하나님이 예수 그리스도의 귀한 보혈로 우리를 살리셨을 때 우리 한 사람만 구원하신 것이 아닙니다. 사랑하는 귀한 지체들과 함께 하나님의 백성이 되고 하나님의 가족이 되게 하신 것입니다. 이것은 신앙의 제일 중요한 핵심 요소 중 하나입니다. 우리가 이 땅을 살면서 희락을 빼앗기지 않고 기쁨이 관통하는 삶을 살게 하는 중요한 요소 중 하나는 사랑하는 사람들이 우리 곁에 있는 것입니다.

요즘 제 친구들을 한 번씩 만나면 대부분이 손자 손녀 이야기를 합니다. 문을 열고 집에 들어갔을 때 뛰어와서 안기는 손자와 손녀가 자기 존재의 기쁨이라고 자랑합니다.

생각해 보십시오. 정말 얼마나 큰 기쁨이겠습니까. 한참 자녀를 낳아서 기를 때는 자신도 초보 운전사다 보니까 원하는 만큼 사랑해 주지 못했습니다. 그런데 자식을 다 길러 놓고 손주가 태어나니까 이전과는 비교할 수 없는 기쁨이 손주를 만나는 데서 오는 것입니다.

하나님이 이 땅을 살아가는 우리에게 주신 큰 축복 중 하나가 사람입니다. 서로 미워하고 경쟁하고 분노하던 삶의 자리에 하나님의 사랑이 들어오기 시작하면서 사랑의 대상이 가족의 테두리 안에만 머물지 않고, 그 사랑이 나와 관계없는 무수한 사람들에게까지 확대되기 시작합니다.

세상과 우리는 기쁨이 다르기 때문에 한 번씩 외롭지 않습니까? 그런데 귀한 지체들을 만날 때에는 말이 통할 뿐 아니라 같이 기뻐할 수 있습니다. 그가 아플 때 같이 울어 줄 수 있고, 그의 질고와 아픔을 같이 감당하고 아파할 수 있습니다.

두세 사람이 모일 때 성령의 임재가 있고, 그때 개인의 자질이나 능력을 능가하는 좋은 생각, 선하고 탁월한 아이디어가 나옵니다. 이런 것은 혼자 있을 때 가능한 것이 아니라 사랑하는 지체들이 함께 모일 때 우리 안에 성령님이 임재하시기 때문에 가능한 일입니다.

우리같이 어리석은 자들이 좋은 생각, 정말 선하고도 상상할 수 없는 지혜로운 아이디어들을 쏟아내면서 서로를 복되게 하고 서로의 삶을 축복하는 귀한 역사가 일어나는 것입니다. 이 모두가 성도의 사귐과 교통 안에 들어 있습니다. 세상이 주는 기쁨은 때가 되면 없어지지만 성도의 교통 안에서 만나는 기쁨은 영원토록 빼앗기지 않고 하나님 나라에서도 누릴 수 있습니다.

하나님은 목회를 하는 저에게 한 번씩 정말 보배 같은 사람들을 만나게 해 주십니다. 요즘 제가 만나는 친구 중 보기만 해도 좋은 친구가 있습니다. 그 친구를 보면 하루가 참 행복합니다. 그런데 정보를 수집해 보니 그 친구도 모임에 오기 전에 "오늘 화종부 목사님 오시나?" 하고 묻는다고 합니다. 저는 못 들은 체하면서 만나지만, 제 마음은 얼마나 행복한지 모릅니다.

이 세상을 살면서 그냥 마음에 드는 것이나 단순히 좋아하는 수준을 넘어서서 예수 믿어서, 주님 때문에 하나님이 우리에게 주신 선물인 성도의 사귐과 교통이 주는 기쁨을 무엇과 바꿀 수 있겠습니까? 저는 성도들의 얼굴을 보며 교제하는 것이 너무 좋습니다. 하나님이 우리에게 주신 기쁨 중 하나는 이처럼 함께 의지하고, 붙들고, 지지하며 같이 가도록 우리에게 귀한 믿음의 동지들을 주신 것입니다.

> 땅에 있는 성도들은 존귀한 자들이니 나의 모든 즐거움이 그들에게 있도다 시 16:3

저는 이 고백이 시편 기자의 고백이자 하나님이 말씀하시는 바라고 생각합니다. 바울은 사랑하는 지체들을 향해 "나의 사랑하고 사모하는 형제들, 나의 기쁨이요 면류관인 사랑하는 자들"(빌 4:1)

이라고 불렀습니다. 또한 그는 "우리의 소망이나 기쁨이나 자랑의 면류관이 무엇이냐 그가 강림하실 때 우리 주 예수 앞에 너희가 아니냐"(살전 2:19)라고도 말했습니다. 바울은 여기 같이 앉아 있는 지체들이야말로 주님이 우리를 데리러 오실 때의 기쁨 중에 하나라고 고백한 것입니다.

확신과 기다림의 소망이 주는 희락

세상을 살면서 얼마나 많이 마음을 다치는지 모릅니다. 불완전하고 죄의 영향력이 많은 세상에서 낙심하고 좌절하고 아플 때가 대단히 많습니다. 또한 두려움과 염려로 우리의 삶이 기쁨을 빼앗길 때도 있습니다.

사랑하는 여러분, 그럴 때 꼭 기억해야 합니다. '어떻게 이런 일이 일어날까?' 하는 고통과 질고를 당할 때 꼭 붙들어야 할 것이 있습니다. "성도인 우리 삶의 마지막은 무엇인가?"라는 질문과 그에 대한 답입니다. 세상이 우리의 마음을 아프게 하고 낙심시키고 두려움에 빠지게 할지라도 우리를 기다리는 것은 무엇입니까? 예수님이 이 땅에 다시 오셔서 구원을 완전하게 하시는 그날에는 우리의 몸에까지 구원의 영광이 드러나고 우리가 보고 있는 모든 만물까지도 하나님께 감사하며 감격하는 노래가 쏟아질 것입니다.

그날이 바로 우리가 기다리는 마지막임을 절대로 잊어서는 안 됩니다. 지구의 종말이 우리가 기다리는 마지막이 아닙니다. 요한계시록을 보면 알 수 있듯이, 우리가 주님이 계신 그곳으로 가는 것이 성경의 끝이 아닙니다. 주님이 우리가 이토록 아프게 살아가는 이 땅에 친히 오셔서 당신의 집에서 우리와 함께하시면서 우리의 눈에 묻은 모든 눈물을 닦아 주시고 탄식과 질고를 멈추게 하시는 그날! 그날이 이 땅을 살아가면서 아픔을 경험하는 우리가 기다리는 마지막입니다. 그 소망은 기쁨을 절대로 빼앗기지 않도록 우리를 붙들어 줍니다.

하나님이 주시는 기쁨의 세 가지 특징

하나님이 성도에게 주신 기쁨, 성령님이 우리 속에 들어오셔서 주시는 기쁨에는 세 가지 중요한 특징이 있습니다.

첫째, 정결하고 거룩한 기쁨입니다. 성도의 기쁨은 이방의 우상 숭배와 성적 타락이 포함된 축제와는 구별되는, 도덕적으로 정결하고 깨끗한 기쁨이어야 합니다. 성도의 즐거움은 감사와 풍성한 음식으로 넘쳐야 하지만 결코 술 취함이나 부도덕함으로 넘쳐서는 안 됩니다. 기독교는 그런 종교가 아닙니다. 희락을 가르치지만 그 희락은 죄와 육체적인 쾌락을 만족시키는 그런 기쁨이 아닙니다. 우리 예수님은 죄와 부도덕을 눈감아 주지 않으시면서도, 음식과 술을 나누는 좋은 잔치를 즐기셨습니다. 성경은 음식 먹는 것을 금하지 않으나 폭식을 금하며(잠 23:20; 딛 1:12), 해학과 웃음을 금지하지 않고 누추함과 어리석은 말이나 희롱의 말을 금지합니다(엡 5:4).

하나님은 우리에게 기쁨을 위한 여지와 이유를 넘치도록 제공하십니다. 그러나 축하가 타락으로 변질되도록 내버려두어서는 안 됩니다. 정결하고 거룩하고 어린 자녀들에게 이르기까지 다 물려주고 싶은 진짜 기쁨이 바로 희락이라는 열매의 첫 번째 특징입니다.

둘째, 구약의 모든 절기마다 하나님은 백성들을 부르시면서 절기를 지키라 하셨고, 기뻐하고 즐거워하라면서 반드시 공동체와 함께 그 기쁨을 누리라고 말씀하셨습니다. 아무도 배제되지 않도록, 노비와 성중에 있는 레위인과 객과 고아와 과부가 함께 하나님 여호와 앞에서 즐거워해야 한다고 두 번이나 반복해서 강조하셨습니다(신 16:11, 14).

이 기쁨은 절대로 개인의 테두리 안에만 머물러 있어서는 안 되는 기쁨이요, 함께 더불어 누리는 공동체적인 속성을 가진 기쁨입니다.

즐거워하는 자들과 함께 즐거워하고 우는 자들과 함께 울라 서로 마음을 같이하며 높은 데 마음을 두지 말고 도리어 낮은 데 처하며 스스로 지혜 있는 체하지 말라 롬 12:15-16

저는 목회를 하면 할수록 교회가 얼마나 중요한지를 생각하게 됩니다. 각 개인이 하나님 앞에서 잘하면 되는 것이 신앙생활이 아닙니다. 사랑하는 지체들과 함께 기뻐해야 진짜 신앙생활이 무엇인지를 알게 됩니다. 혼자가 아니라 더불어 하는 공동체적인 기쁨, 이것이 바로 희락의 두 번째 특성입니다.

셋째, 환경과 관계 없는 심오한 기쁨입니다. 성령의 열매인 기쁨은 환경이나 조건이 빼앗아 갈 수 있는 기쁨이 아닙니다. 성경은 "항상 기뻐하라"(살전 5:16)라고 우리에게 말하지 않습니까. 이 기쁨은 조건이나 상황에 의해서 좌우되지 않고, 기분이나 상태에 의해서 좌우되지 않습니다.

시편은 찬양, 노래, 기쁨, 감사의 책이라고 할 수 있는데, 그 시편을 관통하는 대다수의 주제는 놀랍게도 탄식과 아픔입니다. 그러나 이 탄식의 시편에서조차 "노래하고 감사하라"는 말이 그치지 않습니다. 하박국 선지자의 유명한 고백 또한 잘 알고 있지 않습니까?

비록 무화과나무가 무성하지 못하며 포도나무에 열매가 없으며 감람나무에 소출이 없으며 밭에 먹을 것이 없으며 우리에 양이 없으며 외양간에 소가 없을지라도 나는 여호와로 말미암아 즐거워하며 나의 구원의 하나님으로 말미암아 기뻐하리로다 합 3:17-18

하지만 우리의 삶은 왜 이처럼 자주 기쁨을 빼앗길까요?

우리에게는 늘 영적인 싸움이 있다는 것을 절대로 잊지 마십시오. 그리스도의 사건으로 우리에게 주신 위대한 복음으로 말미암아 세상이 빼앗아 갈 수 없는 기쁨과 감격이 우리의 것인 줄 알아야 합니다.

삶의 모든 순간, 어떤 핍박과 고난과 실패와 눈물과 질고와 아픔이 있는 순간에도, 우리의 기도가 무산되고 하나님이 무관심하신 것 같은 삶의 순간조차도 우리는 주님 때문에 기뻐할 수 있습니다.

이 위대한 진리를 거듭 기억하고 되새김질해야 합니다. 이것을 잊어버리고 자기 연민에 빠지게 하는 유혹에 넘어가서는 안 됩니다. 나의 삶과 생각 속에 열매를 맺도록 성령의 기쁨을 달라고 기도해야 합니다. 하나님은 우리가 기뻐하기를 원하실 뿐 아니라, 기뻐하라고 명령하십니다. 기쁨은 의무, 곧 행복한 의무입니다. 그 명령에 잘 순종합시다.

주님을 신뢰하는 데서부터 오는, 신실하신 하나님의 도움을 의지하는 데서부터 오는 기쁨을 절대로 빼앗기지 마십시오. 성령님이 끝없이 우리를 붙드셔서 가능하게 하시는 기쁨과 희락을 빼앗겨서는 안 됩니다.

"주 안에서 항상 기뻐하라 내가 다시 말하노니 기뻐하라"(빌 4:4)라는 바울의 말처럼, 우리의 삶에 성령님이 계시는 표와 증거인 희락이 넘치는 복된 삶이 되기를 기대하고 축복합니다.

화종부 목사의 핵심 메시지

- 하나님을 아는 지식이 있을 때 우리 삶에 희락의 열매가 맺힌다.
- 하나님은 우리에게 예배를 주시고 기쁨을 회복하게 하신다.
- 성도의 사귐과 교통 안에서 만나는 기쁨은 영원토록 빼앗기지 않는다.

05

내가 가는 곳마다
이루어야 할,
화평

나를 넘어서는 평강은 어떻게 가능합니까?

화평은 성경에서 자주 평강 혹은 평화라고 번역되기도 합니다. 화평은 어떤 면에서 이 시대를 살아가는 우리가 자주 잊는 주제 중 하나입니다. 개개인의 삶에 평화를 가져다주어야 하는 가정이 점점 약해지고 깨지고 있습니다. 남편과 아내의 관계, 부모와 자녀의 관계가 옛날 같지 않습니다. 직장에서 일하는 성도들은 큰 압력과 스트레스를 받고 있습니다. 관계의 어그러짐과 깨짐은 오늘을 사는 우리의 아픔 중 하나라 할 수 있습니다.

어지간히 교양을 갖춘 채 만나지만, 마음을 터놓고 이야기할 사이는 많지 않은 시대입니다. 정보가 넘쳐 나지만 미래에 대한 불확실성은 훨씬 증대되고 두려움과 염려가 커지는 시대입니다.

그럼에도 불구하고 기독교와 복음은 세상을 향해서 여전히 평화를 선언합니다. 많은 사람의 삶에 평화가 줄어듦에도 불구하고 복음은 변함없이 평강의 왕이신 예수님이 이 땅에 오심으로, 그 예수님이 우리를 위해 십자가에 달려 죽으심으로, 모든 인생에 평화가 허락되었다고 선포합니다. 평화를 점점 상실해 가는 시대를 향해서 교회는 가르치고 전하고 나누어야 합니다. 예수님이 이 땅에 오실 때 천사가 나타나 목자들에게 한 말을 떠올려 보십시오.

지극히 높은 곳에서는 하나님께 영광이요 땅에서는 하나님이 기뻐하신 사람들 중에 평화로다 하니라 눅 2:14

예수님이 오신 중요한 이유 중 하나는 이 땅에 평화를 주시기 위함입니다. 이처럼 평화라는 주제는 성경에서 매우 강조됩니다.

화평케 하는 자는 복이 있습니다

바울은 서신을 쓸 때마다 "은혜와 평강이 있을지어다" 하고 '평강'을 얼마나 많이 반복해서 이야기했는지 모릅니다. 우리에게 익숙한 히브리어로는 '샬롬'입니다. 사람들은 보통 '샬롬'을 육체에 고통이 없고 마음에 성가심이 없는 상태인 것처럼 소극적인 방식으로 해석하고 이해하는 경향이 있습니다. 하지만 성경이 말하는 샬롬은 어떤 환경에서도 완전한 관계를 수립하는 것을 나타내는 훨씬 적극적이고 긍정적인 개념입니다. 어떤 환경에서든 건강한 관계를 만들어 가는 삶의 경향성이 바로 성경이 말하는 화평의 의미입니다.

다시 말해, 성경이 샬롬이라고 말할 때의 핵심은 사람들과의 관계가 형식적으로 머물지 않고 건강할 뿐 아니라 온전한 관계로 나아가도록 모든 선과 유익을 사용해서 최상의 상태로 가져가는 것입니다. 이 평강은 얼마나 결정적으로 중요할까요?

예수님은 팔복에서 "화평하게 하는 자는 복이 있나니 그들이 하나님의 아들이라 일컬음을 받을 것임이요"(마 5:9)라고 말씀하셨습니다. 팔복은 하나같이 성도의 특징을 보여 주는데 그중에서도 성도들이 가는 곳마다 평화가 회복될 때 세상은 "아, 이들이 예수 믿는 사람들이구나!" 하게 된다는 것입니다. 이처럼 성도의 중요한 특징 중 하나가 바로 평강입니다.

하나님이 그리스도 안에서 만드신 화평

성경은 평강에 대해 네 가지 정도의 개념을 가지고 있습니다. 먼저 하나님이 만드신 평강입니다. 하나님이 우리를 위해 아들 예수님을 이 땅에 보내시고, 십자가에 달려 우리의 모든 죄 짐과 불행을 대신해 죽으시고 부활하시고 승천하신 아들 예수님을 통해 만드신 평화, 그것이 평화라는 모든 개념의 출발점입니다.

사랑하는 여러분, 하나님은 성결하시고 거룩하셔서 죄를 차마 보지 못하십니다. 그런데 모든 인생은 모태에서부터 죄 중에 태어나기 때문에 거룩하신 하나님 앞에 설 수가 없습니다. 그런 인생들이 죄 중에 멸망하지 않도록 하나님이 평화를 만드셨습니다. 하나님이 그리스도 안에서 만드신 평화는 단번에 영원하도록 지속되는 참된 평화입니다.

삶에서 누리게 하시는 아버지의 화평

하나님은 이 평화를 성령님을 통해 성도에게 적용시키십니다. 평화가 성경 안에 종교적인 세계 안에만 머물러 있지 않고 세상을 살아가는 우리의 삶에서 경험하고 누리고 맛볼 수 있도록 우리에게 제공해 주시는 것입니다.

하나님이 만드셔서 우리가 경험하고 참여할 수 있도록 하시는 평화는 두 가지 방식으로 제공됩니다. 먼저, 하나님과의 관계에서 누리는 평화입니다. 하나님이 평화를 만드신 제일 중요한 이유는 우리가 하나님과 평화를 누리도록 하시기 위해서입니다.

'하나님이 나를 싫어하지 않으실까? 하나님이 나를 거절하지 않으실까? 하나님이 나는 안 된다고 하지 않으실까?' 하는 두려움 없이 담대하게 하나님 앞에 나아가 설 수 있는 평화입니다.

하나님과의 평화는 성도에게 평화를 경험하게 하기에 굉장히 중요합니다. 하나님과의 평화가 모든 평화의 출발점이기 때문입니다. 우리가 하나님과 화평할 때 비로소 우리 삶에 평화가 주어집니다.

세상은 일반적으로 어려움이 없을 때, 내가 원하는 대로 일이 잘 풀릴 때 평화롭다고 생각합니다. 하지만 그렇게 생각하면 평화는 우리 평생에 너무 짧은 순간밖에 경험할 수가 없습니다. 하나님과의 평화는 그런 평화가 아니라, 하나님이 우리를 위해 만드시고 우리를 위해 적용시켜 주시는 평화입니다.

하나님은 우리가 이토록 모자라고, 죄가 있고, 불완전하고, 많은 한계를 가졌음에도 불구하고 아버지 하나님 앞에 설 때 어떤 정죄에 대한 두려움이 없도록 그리스도를 통해서 만들어 놓으신 평화를 우리에게 적용시켜 주십니다. 우리는 하나님 앞에 담대하게 서서 하나님을 "아버지!"라고 부를 수 있는 평화를 누리는 존재입니다.

주일에 예배당에 오면서 마음이 어떠합니까? 지난 한 주간의 삶을 돌아보면서 '오늘은 다른 주일보다 예배드리러 가기가 조금 더 힘들고 부끄럽다'고 여겼다면 하나님과의 평화를 아직 잘 모르는 것입니다. 하나님은 세상 사람들처럼 까다롭게 조건을 요구하시거나, 그중에 충족시킨 일부 조건만을 가지고 차별적으로 특별 대우하지 않으십니다. 우리 안에 무수한 모자람이 있지만 하나님은 우리를 그렇게 바라보지 않으십니다. 하나님은 전능하고 영원한 사랑으로 우리같이 자격 없는 사람들을 위해 아들 하나님 안에서 평화를 만드시고 그 평화를 적용시켜 주셨습니다. 따라서 우리는 언제든지 하나님 앞에 두려워하거나 주저하거나 자신 없거나 위축되거나 눈치 보지 않고 담대하게 나아갈 수 있습니다.

성도는 우리를 받으시고 우리를 위해 평화를 만들어 내신 귀하신 하나님을 붙들고 담대하게 그분 앞에 나아갈 수 있습니다. 거절될 것을 조금도 염려하지 않고 담력을 가지고 하나님 앞으로 나아갈 수 있습니다. 이것이 하나님이 그리스도 안에서 만드신 단번의 영원한 평화를 우리에게 적용시켜 주실 때 일어나는 복된 결과들입니다.

저는 고등학교 2학년 때 처음 예수님을 믿었기 때문에 기억이 생생합니다. 예수님을 처음 만났을 때 얼마나 행복했는지 모릅니다. 기쁨이 무엇인지 잘 모르고 참 힘겹게 살았는데, 주님을 만나고 나니 물밀듯 밀려오는 기쁨이 있었습니다. 그런데 그렇게 기쁜 순간이 있는 반면, 죄라고 여기지 않았던 죄가 깨달아지는 일도 경험하였습니다. '그래도 이만하면 좀 쓸 만하지 않을까?' 하고 막연하게 오해하고 살던 제 자신에게서 '아, 나는 얼마나 허물 많고 무자격함이 큰가!'가 보였을 때 많이 절망하고 좌절했습니다.

　이처럼 큰 기쁨과 큰 고통이 반복되자 '내가 이렇게 믿다가 혹시 정서적으로 장애를 겪는 것은 아닌가?' 하고 고민될 만큼 너무 힘들었습니다. 그런데 하나님이 그리스도 안에서 나를 위해 완전한 평화를 만들어 놓으셨다는 복음이 들려지고, 조금씩 믿어지고, 깨달아졌습니다. 기쁠 때는 너무 기쁘고 슬플 때는 너무 슬픈 감정의 변화가 극심해지면서 많은 고난과 슬픔을 겪는 그 순간에도, 세상이 뭐라고 말해도 빼앗길 수 없는 자유와 평화가 주님 안에서부터 조금씩 경험되기 시작했습니다. 그때부터 비로소 예수 믿는 맛이 느껴지기 시작했던 것 같습니다. 세상 사람들이 겪는 슬픔을 저도 다 겪으면서도 그 속에서 절대로 빼앗길 수 없는 하나님과 나 사이의 평화로 인한 놀라운 삶이 시작된 것입니다.

　이 평화를 품으면 세상을 보는 다른 눈이 열립니다. 그저 좋은 일이 있을 때 기쁘고 슬픈 일이 있을 때 슬퍼했던 어리석은 삶에서, 아픈 일이 있는데도 전혀 다른 눈이 열리고 기쁜 일이 있는데도 내가 무얼 잘했다고 느끼지 않는 다른 눈이 열립니다. 그러면서 빼앗길 수 없는 평화가 삶에 들어오기 시작합니다.

하나님과 우리 사이가 화평하게 되면서 삶을 다르게 살아가는 힘과 세상을 다르게 보는 맛이 무엇인지를 깨닫는 영광이 주어집니다.

하나님과의 평화가 만들어 낸 또 하나의 열매가 있는데, 그것은 우리의 범사에 양심과 평화를 잃지 않도록 해주신다는 것입니다. 이 세상을 살아가는 동안 얼마나 많은 짐과 무거움이 있습니까. 자식을 기를 때도 우리 뜻대로 안 됩니다. 때때로 자녀의 앞길이 어떻게 될까 두려운 순간을 만납니다. 세상은 점점 더 삭막해지고, 약육강식과 적자생존이 점점 더 심해지고 있습니다. 그런 세상을 바라볼 때마다 자녀가 살아갈 미래에 대한 두려움과 근심이 생깁니다.

이처럼 우리가 해석할 수 없는 삶의 불행과 질고를 다 경험하는 그 순간에도 하나님이 이 세상을 다스리시고, 역사와 만물의 주인이시고, 변함없는 영원한 사랑으로 우리를 사랑하시고, 아들 하나님의 생명으로 우리를 사신 영원한 사랑은 전혀 요동 없이 한결같이 참되다는 것을 믿으면 평안을 느낄 수 있습니다.

염려가 없어서 평안한 것이 아닙니다. 염려가 많아도 요동하지 않는 평화를 누리며 이 땅을 살아가게 되는 것입니다. 우리는 세상이 다 부러워하는 조건을 가져서 행복한 사람들이 아닙니다. 세상이 원하는 것을 가지고 싶어 하는 마음이 우리에게도 있습니다. 그럼에도 불구하고 행복할 때나 불행할 때, 기쁠 때나 외롭고 마음이 상할 때에도 요동할 수 없는 평화, 하나님이 우리를 위해 공급해 주시는 평화가 있다는 사실을 기억해야 합니다.

질고와 아픔을 통과하는 순간에도 빼앗기지 않을 평화가 우리 삶에 주어졌다는 사실을 잊어서는 안 됩니다. 잘될 때만이 아니라 세상이 우리를 다 배반한다고 느낄 때에도 우리에게는 빼앗길 수 없는 평화가 있다는 사실을 명심해야 합니다. 초대교회 성도들은 핍박을 통과하는 그 순간에도 하나님이 나의 주님이심을 그대로 믿었습니다.

많은 사람이 불행할 때 불평하고, 행복할 때 좋아하는 피상적인 수준의 어리석은 삶을 살아갑니다. 그러나 우리는 그 어떤 삶의 자리에서도 최선의 것을 주시며, 온전한 자리까지 우리를 데려가고 싶어 하시는 아버지의 평화가 우리 삶에 주어지는 줄 알아야 합니다. 그 빼앗기지 않는 평화를 붙들고 믿음의 싸움을 싸워 내야 합니다. 이것이 바로 성도들이 세상을 살아가는 방식입니다. 바울은 빌립보서에서 이렇게 말했습니다.

아무것도 염려하지 말고 다만 모든 일에 기도와 간구로, 너희 구할 것을 감사함으로 하나님께 아뢰라 그리하면 모든 지각에 뛰어

난 하나님의 평강이 그리스도 예수 안에서 너희 마음과 생각을 지키시리라 빌 4:6-7

이것은 그저 한가롭고 태평한 태도가 아니라 아버지 되시는 우리 하나님에 대한 흔들리지 않는 신뢰이며, 불안에 굴복하지 않는 것이며, 화평의 거짓 모양은 무엇이든 신경 쓰지 않는 무관심과 무심함입니다. 염려하지 않고 기도하며 하나님을 신뢰하기로 결단하는 의지의 행위에서 오는 평안입니다.

사람 사이에서 길러내야 하는 화평

세상을 살아가는 동안 많은 사람을 대하다 보면 나를 방어하고 싶은 순간을 만나게 됩니다. 그들 중에는 드세고 어려운 사람도 있어서 그럴 때면 마음을 닫고 나를 보호하며, 상처받을 수 있는 상황에 노출시키지 않으려고 하는 것이 현대를 사는 사람들의 삶의 방식입니다. 그러면 우리 평생에 평화로운 순간이 얼마나 제한되겠습니까.

하지만 사람들이 나를 오해하고 받아 주지 않을 때 방어하려 하지 않고, 주님의 받아 주심으로 만족하면서 사람들로부터 나를 방어하려는 노력을 내려놓는 데서 오는 평화가 있습니다.

살면서 우리를 유독 힘들게 하고 우리의 영혼을 다치게 하는 사람들을 만날 때에는 어떻게 해야 합니까? 하나님이 주신 화평을 깨뜨리지 않아야 합니다. 절대로 되받아치려고 하지 말고, 되갚아 주려고 하지 말고, 적대관계를 만들어 내려 하지 말고, 오히려 제일 좋은 것을 주어야 합니다. 사람 사이에 건강한 관계, 깊이 있고 온전한 만남으로 들어가도록 수고하고 애를 써야 합니다.

되갚아 주고 싶어 하는 어리석은 일들을 내려놓으십시오. 믿음으로 하나님을 붙들고, 다친 심정을 하나님 앞에 내어놓으십시오. 그때 하나님이 우리의 마음을 만지시며 하나님이 주시는 평화를 경험하게 하십니다. 그렇게 이 세상을 살아야 우리가 예수 믿는 사람처럼 사는 것입니다.

재생산하고 확대해야 하는 화평

네 번째 평화의 개념이 바로 성령의 열매 중 하나로 언급되는 화평의 핵심 개념입니다. 물론 앞서 살펴본 하나님이 만드신 평화, 하나님이 우리에게 주셔서 우리가 경험하는 평화도 틀림없이 성령님의 은혜로 주어지는 평화입니다. 하지만 우리는 하나님으로부터 경험하는 그 모든 평화를 가지고 네 번째 평화를 이루어 내야 합니다. 즉 우리를 받아 내시고, 우리를 사랑하신 하나님이 우리에게 주신 평화가 무엇인지를 경험하고 앎으로써 이 세상에서 사는 동안 그 평화를 만들어 내고 재생산하고 확대시켜 내야 하는 것입니다.

우리는 이 세상에서 어그러지고 깨어지고 분노하고 억울하고 외롭고 좌절하고 낙심하는 무수한 사람들에게 평화를 전하도록 부르심을 받았습니다. 우리가 가는 곳마다 평화가 만들어지고, 우리가 가는 곳마다 진지하고도 진실한 관계가 형성되도록 해야 합니다.

우리가 살아가는 이 시대를 보십시오. 사람의 만남이 얼마나 피상적으로 바뀌어 가는지 모릅니다. 좀처럼 마음을 열려고 하지 않습니다. 어지간히 교양 있고 친절하게 대하려고 노력하지만 마음 중심으로 받아 내려고 하지 않습니다. 누군가를 마음에 깊이 받아들여 살아 있는 평화가 만들어지는, 좋은 것을 다 나누면서 주님이 기대하시는 가장 온전한 자리에까지 관계를 맺어가려고 하는 일을 하지 않습니다. 상처받는 것이 두렵고, 배반당하고 거절당하는 것이 두려워서 너무나 많은 사람과의 관계가 메말라 가고 있는 것이 오늘 우리가 사는 이 시대의 현실입니다.

머릿속에 떠올려 보십시오. 내가 정말 괴로울 때 마음을 열어서 토로할 사람이 있습니까? 사람과 사람의 관계는 물론이고 보루 같은 가정이 무너지고 있습니다. 더 큰 가정인 교회가 점점 피상적인 만남을 벗어나지 못하는 아픔을 겪고 있습니다. 누군가 아플 때 왜 아픈지를 알고, 그의 아픔이 나의 기도가 되고, 마음을 열어 복음과 성경이 기대하는 데까지 건강하고 온전한 관계를 만들어 내고, 그 자리에까지 이르도록 모든 유익과 선을 나누는 것, 그것이 주님이 성도와 교회에 기대하시는 모습의 핵심입니다.

누군가 울 때 왜 우는지를 알고 같이 웁시다. 마음을 같이해서 하나님 앞에서 그를 위하여 울어 줍시다. 그가 행복해할 때나 기뻐할 때, 투기하거나 질투하지 않고 함께 기뻐합시다. 세상은 '남이 아무리 좋아도 내가 좋아야 한다'고 말합니다. 그러나 '남이 좋기 때문에 나도 좋은 것'이라는 사실을 깨닫고 함께 경험하고 누리는 하나님의 몸 된 공동체, 그것이 교회다움의 핵심 중 하나입니다.

교회에 새가족이 왔을 때 한 번이라도 그에 대해 관심을 가지고 아는 체해 보려고 애쓰고 수고한 적이 있습니까? 신앙생활이 단지 내가 원하는 것이 많은 교회, 내 마음을 성가시게 하지 않는 교회에 가서 예배를 드리고 정기적으로 헌금하는 것에 그친다면 기독교가 세상의 다른 종교와 다를 바가 무엇이겠습니까. 주님이 주신 평강이라는 귀한 은혜를 가지고 내가 잘 살고 내가 행복한 것을 넘어서서, 나와 함께 몸을 구성하는 사랑하는 귀한 지체들과 함께 기뻐하고 함께 울어야 합니다.

그곳이 바로 교회입니다. 주님은 우리가 그렇게 살기를 원하십니다. 한 사람도 교회에 그냥 왔다 가는 사람이 없이, 내 몸의 한 부분처럼 서로를 책임 있게 바라보고, 힘을 다해서 대하는 평화가 우리에게 있습니까? 하나님으로부터 온 그 평화가 무엇인지 알기에, 자격 없고 모자라는 우리를 아무 조건도 걸지 않고 영원한 사랑으로 선대하셨기에, 우리도 온전한 만남의 자리로 서로를 데려갈 수 있도록 최선을 다해서 선을 베풀고 유익을 나누어야 합당합니다.

성경에 그런 권면이 얼마나 많습니까? 로마서는 "할 수 있거든 너희로서는 모든 사람과 더불어 화목하라"(롬 12:18)라고 말합니다. 마음에 드는 몇 사람만 꼽으며 스스로 합리화하지 말고, 세상처럼 이런저런 까다로운 조건을 내세워 내 마음에 들고 내가 원하는 사람을 선택하지 말고, 할 수 있거든 모든 사람과 화평해야 합니다.

고린도전서에서는 "하나님은 무질서의 하나님이 아니시요 오직 화평의 하나님이시니라"(고전 14:33)라고 말합니다. 에베소서 4장에서는 "평안의 매는 줄로 성령이 하나 되게 하신 것을 힘써 지키라"(엡 4:3)라고 합니다. 우리가 가장 잘하는 일이 성령이 하나 되게 하신 것을 깨뜨리는 것이지 않습니까? 그런 방법에 힘을 쓰지 말고 하나 되게 하신 것을 지켜 내기 위해 힘을 다해서 노력해야 합니다.

골로새서에서는 "그리스도의 평강이 너희 마음을 주장하게 하라 너희는 평강을 위하여 한 몸으로 부르심을 받았나니"(골 5:15)라고 말합니다. 우리는 평강을 위하여 한 몸으로 부르심을 받았기 때문에 갈등을 만들기보다 문제를 해결하고 해소시키려 노력하며 살아야 합니다.

조국 사회의 아픔 중 하나는 문제를 헤집어 내는 사람은 무수히 많은데 그것을 감당하면서 해소시키려는 사람은 너무 적은 것입니다. 갈등을 만들기보다 문제를 해결하고 해소하는 삶, 오해와 분열을 만들어 내는 어리석은 말과 행동을 삼가고 주의하는 삶, 평화를 회복해 내기 위해서 마음을 담은 용서를 구하는 삶을 살아야 합니다. 마음을 열어서 누군가에게 진실하게 용서를 구하고 자신의 허물과 잘못을 사과해야 합니다.

때로 너무 억울해서 다시는 마음을 열고 싶지 않은 순간이 있을 것입니다. 그렇지만 절대로 지지 말고, 우리의 마음 중심을 아시는 하나님 앞에 다 토설해 내야 합니다. 주님의 평강이 우리의 마음과 생각을 지배하고 다스려서, 고통과 갈등이 우리를 거쳐 또 다른 사람들에게로 전달되지 않도록, 우리 선에서 달리 바뀌는 역사가 일어나야 합니다. 그때 비로소 오늘날 이처럼 무책임한 말들과 서로를 찢어 내는 일들을 무수하게 하는 조국 땅에 하나님의 평강이 흘러가는 은혜의 역사가 있을 것입니다.

잘 알려진 아시시의 프란체스코(Francesco of Assisi)의 기도를 드립시다.

나를 당신의 평화를 이루는 도구로 써 주소서.
미움이 있는 곳에 사랑을, 다툼이 있는 곳에 용서를,
분열이 있는 곳에 일치를, 의심이 있는 곳에 신앙을,
잘못이 있는 곳에 진리를, 절망이 있는 곳에 희망을,
어둠이 있는 곳에 빛을, 슬픔이 있는 곳에 기쁨을
안겨 주게 해 주소서.
위로받기보다 위로하는 일을, 이해받기보다 이해하는 일을,
사랑받기보다 사랑하는 일을 내가 찾을 수 있도록 도와주소서.

하나님이 주시는 평강이 어떤 것인지를 알아서 우리가 가는 곳곳마다, 미움이 있는 곳에 사랑이 퍼져 가도록, 상처와 고통이 가득한 곳에 회복과 용서의 은혜가 넘치기를 바랍니다.

끝없이 의심하는 세상 속에 신뢰하고 지지하고 믿어 주는 은혜가, 절망과 좌절과 낙심과 염려로 가득한 이 세상에 소망과 위로가 넘쳐 나기를 기도합니다. 어두워서 한 치 앞도 보이지 않는 세상에 우리가 가는 곳마다 빛을 비추기를, 슬픔이 있는 곳에 하늘의 신령한 기쁨이 퍼져 나가기를 바랍니다.

위로받기보다 위로하고, 이해받기보다 이해하고, 사랑받기보다 사랑하기를 바랍니다. 화평의 도구로 이 땅을 살아갈 때 우리 한 사람의 삶이 복된 것은 말할 것도 없거니와 우리가 사랑하고 아끼는 조국 땅에 하나님이 주시는 참된 평화가 넘칠 것입니다.

화종부 목사의 핵심 메시지

- 화평은 어떤 환경에서든 건강한 관계를 만들어 가는 삶의 경향성이다.
- 하나님과 우리가 화평하게 될 때 삶을 다르게 살아가는 영광이 주어진다.
- 사람들 사이에서 화평을 이루며 살아야 예수 믿는 사람처럼 사는 것이다.

06

하나님 사람의
검증된 성품,
오래 참음

언제까지 참아야 합니까?

성령의 아홉 가지 열매 중 네 번째인 '오래 참음'이라는 주제에 벌써부터 머리가 지끈거리는 분이 있을지 모르겠습니다. 오래 참는 것은 어려운 일입니다. 오래 참는 것은 우리 본성에 참 안 맞습니다. 누군가를 중심에서부터 받아 내고 어떤 환경이나 형편을 견뎌 내는 일은 상당한 정도의 에너지를 필요로 하기에 많은 사람이 피하고 싶어 합니다.

오래 참음은 우리에게 자연스럽게 찾아오는 능력이 아니므로 성령의 도우심으로 열매가 자랄 수 있도록 해 주어야 합니다. 우리가 살아가는 이 시대는 무엇이든 금방 결과가 나와야 한다고 생각합니다. '남들이 어떻게 느끼든지 나는 하고 싶은 일을 해야겠다!' 하고 살아가는 시대정신 때문에 오래 참는 일은 더더욱 어려워지고 있습니다.

모든 좋은 것은 오래 기다려야 합니다

그렇지만 좋은 것은 대부분 오래 참는 과정을 거쳐서 주어집니다. 흔히 세상이 생각하는 것처럼, 쉽고 편하고 빠르고 금방 주어지면서도 두고두고 좋고 평생토록 우리에게 유익한 일은 없습니다. 우리 평생에 복되고 가치 있는 것, 어떤 삶의 자리에서도 빼앗기지 않을 귀중한 것들은 오래 견디고 기다리고 참아 내는 과정을 거쳐서 보석같이 주어집니다.

가장 대표적으로 모든 사람이 잘하고 싶어 하는 사랑을 생각해 봅시다. 정말 제대로 된 사랑을 하고 싶다면 '사랑장'이라 불리는 고린도전서 13장이 "사랑은 오래 참고"(4절)로 시작된다는 것을 기억해야 합니다. 사랑을 잘할 수 있는 다른 길은 없습니다. 오래 견디면서 받아 주고 참아 내면서 지지하고 붙들고 견디며 사랑하는 사람이 되어야 합니다. 사랑의 첫걸음은 '오래 참음'입니다.

로마서 5장을 보면, 하나님의 사람으로 검증된 성품을 어떻게 가지는가를 알게 합니다. 하나님이 보시기에도 "너는 정말 나를 믿는 사람답다" 하실 만한 성품을 가지려면 어떻게 해야 합니까?

환난은 인내를, 인내는 연단을, 연단은 소망을 이루는 줄 앎이
로다 롬 5:3-4

여기서 '연단'이라는 표현은 '검증된 성품'이라고 번역할 수 있습니다. 고난을 통해 인내하고 오래 참아 내는 과정을 거쳐서 하나님이 보시기에 검증된 성품이 만들어진다는 것입니다. 이처럼 참되고 영원하고 좋은 것은 오래 참는 과정을 거치지 않으면 우리에게 주어지지 않습니다.

세상은 끝없이 빠른 길이 있다고 가르칩니다. "이 길로 가면 빠르고 쉽고 행복하다"라고 말합니다. 그러나 우리가 살면서 다 겪은 것처럼, 그런 길은 없습니다. 수없이 하나님을 경험하고 그분의 도우심을 경험하면서 우리의 삶에 맺히는 보석 같은 성품과 됨됨이, 그리고 많은 열매는 오래 참는 과정 없이는 절대로 가능하지 않습니다.

사람을 인내한다는 것

우리 부부는 참 많이 싸웠던 것 같습니다. 그런데 여러 해가 지나고 나서 특별한 사건도 없었지만 어느 날 갑자기 이런 깨달음이 왔습니다. '아, 정말 하나님이 저 사람을 나에게 주신 것은 내

평생에 최고로 귀한 사건이었구나!' 언제나 행복이 더해지는 결혼 생활만을 한 것은 아닙니다. 서로 견디고 참고 받아 내고 지지하면서 기쁨과 슬픔과 아픔과 기다리는 과정도 있었습니다. 그러던 어느 날, 이 사실을 깨달으며 정말 감사했습니다. 서로 참고 견디고 믿어 주고 기다려 준 결과, 하나님이 정말 소중한 만남의 복을 주신 것입니다.

우리가 다 그렇지 않습니까. 세상이 말하는 것처럼 행복으로만 점철된 것은 아니지만 귀한 사람을 견뎌 내고 참아 내고 깊이 믿어 주고 기다리는 과정을 거치면서 '세상에 이런 사람이 없구나' 하는 것을 배우고 삽니다. 사람들은 자꾸 짧은 시간에 원하는 결과를 얻는 것이 행복이라고 생각합니다. 하지만 저는 삶을 살수록 그것이 가짜라는 것을 느낍니다.

남서울교회에 오기 전, 저는 젊은이들이 많은 교회를 섬겼습니다. 그 교회에서 많은 청년이 결혼하여 자녀를 낳았습니다. 부모가 된 그들은 자녀들이 제 앞을 지날 때면 아이에게 "배꼽에 손 하고 목사님께 인사해야지"라며 가르쳤습니다. 아이가 어릴 때는 곧잘 합니다. 그런데 조금만 머리가 커지면 쉽지 않습니다. 그때 많은 부모가 당황스러워했지만, 저는 감사했습니다. 그제야 부모들이 비로소 정신을 차리기 때문입니다. 그전까지 부모들은 전부 자기 자녀가 천재인 줄 압니다. '어떻게 저 나이에 저런 말과 행동을 할 수 있을까?' '하나님이 우리에게 천재를 주셨구나'라고 생각합니다. 그런데 아이가 팽하고 고개를 돌리는 순간 모든 신화가 깨지면서 '아, 모든 인간은 날 때부터 죄 중에 났구나' 하고 다 동의하게 됩니다.

조국 사회의 많은 부모가 말 잘 듣는 자식을 대단히 선호하는 것 같습니다. 그렇지만 담임목사로서 한 걸음 떨어져 있는 저는, 말 잘 듣는 자녀는 부모의 성화에는 보탬이 거의 안 된다고 생각합니다. 자식 때문에 애를 먹고, 가슴을 찢어 내면서 눈물의 세월을 보내고, 새벽마다 하나님 앞에서 눈물 콧물 쏟으면서 기도해야 부모가 성화에 들어가면서 자녀를 통해 많은 유익을 얻습니다. 그런데 말을 잘 듣고 애를 먹이지 않아야만 좋은 자녀라고 생각하니까 부모가 변화되지 않습니다.

세상은 자꾸 빠른 길이 있다고 가르칩니다. 살다 보면 어떤 사람들은 정말 그런 길을 가는 것처럼 보입니다. 그러나 성경은 그렇게 말하지 않습니다. 우리를 사랑하시고 아들 하나님의 생명으로 건져 내신 하나님이 우리 삶에 고난을 주시고 마음이 다치는 순간을 주시고 견디고 참고 기다리고 끝없이 받아 내는 과정을 거치게 하실 때가 있습니다.

그 이유는 우리 삶에서 '진짜'는 모두 그처럼 기다리는 과정을 거쳐서 만들어지기 때문입니다. 이 땅에서뿐 아니라 저 땅에서까지 참되고 영화롭고 복된 것들은 모두 견디는 과정을 거쳐야만 만들어집니다. 기다리고 아픈 속을 끓이며 견디는 과정을 거쳐야 '진짜'가 만들어집니다.

사람을 사랑하는 것, 사람을 참아 내고 오랫동안 기다리는 것은 우리 생에서 중요한 일입니다. 세상은 사람이 중요하다고 가르치지 않습니다. 어떤 업적을 이루었는지, 무엇을 성취했는지가 중요하다고 말합니다. 하지만 그런 것들은 세상을 살면서 사용하다가도 하나님이 부르시면 다 두고 가야 합니다.

우리가 주님 품에 갈 때 무엇을 가지고 갑니까? 옆에 있는 귀한 지체들과 함께 갈 것입니다. 그 지체들은 하나님 앞에서 "하나님, 바로 이 사람입니다. 내가 힘들 때 끝까지 내 곁에 있어 주고, 내가 가슴앓이할 때 같이 울고 아파해 주던 사람입니다"라고 할 것입니다.

땅에 있는 것은 다 두고 가야 하지만 귀한 지체들은 그날에 그곳까지 같이 갑니다. 우리 삶을 하나님 앞에서 증거할 사람은 주위에 있는 보석같이 귀한 지체들입니다.

구약에 나타난 하나님의 오래 참으심

오늘 이 시대는 견디고 참는 것이 싫어서 깊이 있고 제대로 된 관계를 맺으려고 하지 않습니다. 그러나 우리는 주님의 마음을 가지고 힘을 다해 오래 참으면서 하나님이 하실 선한 일들을 기대해야 합니다.

우리를 한순간도 포기하지 않으신 아버지를 주목할 때 비로소 우리는 힘겨운 삶의 환경이나 사람들을 견뎌 내면서 참아 낼 용기와 힘을 공급받습니다. 이 일은 우리가 하나님을 바라볼 때 가능합니다.

하나님이 우리를 얼마나 오래 참으셨습니까? 모세가 이스라엘 백성을 애굽에서 데리고 나온 후 시내산에 올라가 하나님의 율법을 받는 영광스러운 시간에 이스라엘 백성은 산기슭에서 금송아지 우상을 만들고 먹고 마시고 뛰어놀고 행복해하면서 광란의 잔치를 벌이고 있었습니다. 그 모습에 너무 마음 아파하시는 하나님 앞에 모세가 중보 기도를 하자 하나님은 모세에게 당신의 이름을 가르쳐 주셨습니다.

여호와께서 그의 앞으로 지나시며 선포하시되 여호와라 여호와라 자비롭고 은혜롭고 노하기를 더디 하고 인자와 진실이 많은 하나님이라 출 34:6

하나님은 노하기를 더디 한다고 말씀하셨습니다. 하나님이 이스라엘 백성의 삶을 심판하신 일이 구약 곳곳에 기록되어 있기에 어떤 사람들은 하나님이 참지 않으시는 분인 것처럼 오해합니다. 그러나 하나님은 이스라엘 백성을 오랫동안 참으시고 세대를 걸러 기다리셨다가 마침내 심판하신 것입니다. 그 순간에도 긍휼을 허락하사 포로로 잡혀갔다가 다시 돌아오게 하는 기적의 역사를 반복하셨습니다. 이처럼 하나님이 우리를 얼마나 오래 참으며 사랑하셨습니까! 그러므로 우리도 누군가를 대할 때 완전하신 하나님이 우리에게 허락하신 환경과 처지와 형편이 얼마나 필요한지를 범사에 인정하면서 견디고 참아 내야 합니다.

요나 선지자는 주님의 말씀을 거역함으로 니느웨로 가지 않고 다시스로 가는 배를 탔습니다. 우여곡절 끝에 다시 니느웨로 가서 설교했을 때 니느웨 백성이 회개하고 돌아오자 요나는 하나님 앞에 불평했습니다.

그리고 요나가 염려했던 것처럼 주님이 그들을 용서하시고 받아들이시자 그가 한 말이 무엇입니까? "나를 죽여 주십시오. 사는 것보다 죽는 것이 더 낫겠습니다." 그런 요나에게 하나님이 반문하십니다. "네가 성내는 것이 옳으냐?"(욘 4:4)

하나님이 우리를 얼마나 오래 참으십니까. 그런데 우리는 사람을 향해 성내고 환경과 처지를 향해서 불평하면서 선한 일을 자꾸 멈추려고 하는 어리석은 존재입니다. 하지만 우리 삶에 소망이 없는 것 같은 순간에도 포기하지 않고 한두 걸음을 더 가야 합니다. 아픔과 잇대은 순간에도 하나님의 신실하심과 선하심을 붙들고 견디는 과정을 겪어야 합니다. 하나님은 우리가 그분의 성품을 닮아 오래 참는 백성이 되기를 기대하십니다.

신약에서 발견한 예수님의 오래 참으심

제자들은 주님의 마음을 제대로 헤아리지 못했습니다. 주님은 십자가를 지기 위해 예루살렘으로 올라가시는데, 제자들은 예수님의 오른쪽과 왼쪽에 누가 앉을지에 관심을 두었습니다. 그들은 성공과 형통에 대한 그림을 그리면서 고난을 앞두신 주님의 외로움과 아픔은 헤아리지 못했습니다. 예수님은 이러한 제자들의 결함과 실패에도 오래 참아 주셨습니다.

수많은 사람이 십자가에 달리신 예수님께 "네가 만일 하나님의 아들이어든 자기를 구원하고 십자가에서 내려오라"(마 27:40)라며 조롱하고 손가락질했습니다. "그가 남은 구원하였으되 자기는 구원할 수 없도다"(마 27:42)라고 냉소했습니다. 그럼에도 주님은 끝까지 기다리셨습니다.

한편 강도가 주님을 영접하고 모셔 들였을 때 주님은 "내가 진실로 네게 이르노니 오늘 네가 나와 함께 낙원에 있으리라"(눅 23:43) 하셨습니다. 이처럼 주님은 마지막 순간까지 기다리시고 찾으시고 부르시는 모습을 보여 주셨습니다. 그 주님이 우리에게 오래 참으라 하십니다.

오래 참음의 두 영역

열매로 맺히는 오래 참음에는 크게 두 가지 영역이 있습니다.

첫째, 환경과 처지와 상황과 형편입니다. 우리 삶의 참 주인이시자 우리를 위해 아들을 주기까지 아무것도 아끼지 않으신 하나님이 허락하신 환경과 처지와 형편과 상황을 견뎌야 합니다. 때로 고난을 통과하고, 슬픔과 처절한 실패를 경험하고, 무수한 한계와 약함을 느끼는 일이 찾아올 것입니다. 환경과 상황이 우리의 기대를 거스를 때 '하나님이 나를 사랑하시면 어떻게 이런 일을 하실 수 있나' 싶을 만큼 낙심되고 넘어질 수 있습니다. 그러나 그때도 변함없이 하나님을 신뢰한다고 고백해야 합니다.

둘째, 사람입니다. 이 시대가 하는 제일 큰 거짓말은 사람을 '개인'이라고 생각하게 만드는 것입니다. 우리는 개인이 아닙니다.

우리는 몸으로 함께 연합되어 있습니다. 세상은 '내가 저 사람한테 잘해 줄 이유가 뭐야?'라고 생각하게 만들어서 관계를 다 쪼개고 뜯어 놓습니다.

내가 좋아하는 몇 사람에게만 에너지를 쏟고 나머지는 다 무시하고 냉담하게 대해도 되는 것처럼, 관계를 피상적으로 무너뜨리고 깨뜨리는 것이 이 시대의 정신입니다.

사랑하는 지체들의 질고와 아픔은 어떤 형태로든지 우리에게 영향을 미치게 됩니다. 그 질고와 아픔을 깊이 받아 내고, 그의 무수한 아픔과 뾰족함이 우리에게 발산될 때 잘 견뎌야 합니다. 마음을 열어 사람을 사랑하고, 사람을 천하보다 귀하게 여기고, 사람을 사랑하는 것보다 더 가치 있는 일이 없다는 것을 삶으로 입증하면서 견뎌 내고 참아 내며 대합시다.

사람은 어떤 면에서 제일 어려운 주제라고 할 수 있습니다. 사람이 주는 상처는 우리가 이 땅을 살면서 겪는 제일 큰 고난 중에 하나입니다. 그렇지만 동시에 우리를 제일 보석같이 빚어 내는 것, 우리의 삶을 정말 참되게 만들고 이 땅에서부터 저 땅에 이르기까지 영원히 참되게 하는 것은 사람을 포기하지 않고 기다리고 버티고 참아 내면서 만들어집니다.

쉽게 얻었거나 고생하지 않고 얻은 것 중에 참된 것이 무엇이 있습니까. 우리를 두고두고 가치 있고 영화롭게 하는 것이 무엇이 있습니까. 우리의 경계선을 다 무너뜨리고 다른 사람을 삶으로 받아들여서 더불어 살아가기란 정말 쉬운 주제가 아닙니다. 하지만 우리의 생에서 제일 귀하고 영화로운 과정 중 하나라는 사실을 잊지 마십시오.

사람은 하나님이 아들의 생명으로 살리실 만큼 보배로운 존재입니다. 하나님의 형상이 담긴 존재입니다. 우리 곁에 있는 사람을 어떤 눈으로 대하고, 어떤 방식으로 바라보고, 어떻게 섬기고, 어떻게 소중히 여기느냐는 우리 생에 결정적인 주제라는 사실을 절대로 잊어버리지 마십시오. 사람을 귀찮아하거나, 적당히 대하거나, 무시하지 마십시오. 그가 입고 있는 옷이나 신분, 지위, 재능, 능력, 외모에 따라 대하지 마십시오. 주님이 우리에게 하신 것처럼, 나보다 더 귀한 존재인 것처럼, 보석같이 대하십시오.

우리가 자녀를 기르면서 다 배우지 않았습니까. 어느 날 자녀가 부모의 가슴을 찢어도, 다른 사람은 몰라도 부모는 그 자식을 절대 포기하지 못합니다. 부모가 포기하지 않는데 망하는 자식은 없습니다.

끝까지 참으며 기다리고 믿고 붙들어 주고 지지하면 망하지 않습니다. 바로 이것이 하나님이 만드신 구조입니다. 가정을 주시고, 배우자를 주시고, 자녀를 주실 때 그런 구조가 우리 삶에 있는 것입니다.

또한 이 귀한 사랑을 배워서 자식에게만 쏟고 살아서는 안 됩니다. 그 마음으로 옆에 있는 다른 사람을 사랑해야 합니다. 바로 그런 것을 배우라고 하나님이 배우자와 자녀를 우리에게 주신 것입니다. 관심과 마음이 내 자식과 내 배우자에게만 머물러 있으면 제일 어리석고 불쌍한 사람입니다.

저는 이런 교회를 만들어 가고 싶습니다. 누가 어떤 모습을 하고 오든지 마음을 기울여서 받아 내고 힘을 다해 지지해 주는 교회입니다. 세상에서 지치고 상하고 깨어진 마음으로 온 누군가에게 안식을 주고, 쉼과 위로를 주고, 말과 표정과 행동 등 무엇으로든 그의 상한 심령을 매만져 주는 교회입니다.

반드시 끝이 있습니다

미디어의 발달로 다른 사람의 집 구석구석까지 마구 들여다보는 세상입니다. 저 또한 그런 프로그램을 재미있게 보다가도 한 번씩은 마음이 불편합니다. 그들도 우리처럼 아프고 좌절하고 낙심하며 고통을 겪을 텐데, 삶의 특정한 화려함만 방송으로 노출되니 우리에게는 늘 상대적인 결핍을 안겨 주는 듯합니다. 그들이 사는 집과 타고 다니는 차와 그들이 하는 여러 일에 비하면 우리 현실은 늘 상대적인 결핍을 느낍니다. 하나님이 주신 환경을 만족하기보다 끝없이 불평하고 원망이 쏟아져 나오는 어리석은 시대입니다. 하나님 앞에 다짐합시다. "형식적으로 사람들을 대하지 않고 마음을 열어서 사람들을 대하리라." 이렇게 다짐한 후 절대로 합리화하거나 정당화하지 마십시오. 사람을 오래 참기가 힘들고 고통스러울 때는 성령님의 도우심을 구하십시오. 혼자 힘으로는 할 수 없습니다. 그렇지만 하나님의 은혜와 성령님의 역사로 사람을 기다리고 지지하고 붙들어 줄 수 있습니다.

그러면 꼭 이렇게 묻는 사람들이 있습니다. "목사님, 다 좋은데 언제까지 참아야 합니까?" 그러면 "언제까지입니다" 하고 시간표를 말할 수는 없지만, 반드시 끝이 있는 것만은 틀림이 없습니다. 대개 그런 삶의 자리에 놓일 때 '이 일은 끝이 없어'라는 생각으로 자꾸 왜곡됩니다.

시간을 정확하게 말할 자신은 없지만, 반드시 끝이 있는 참음이라는 사실을 한순간도 잊어서는 안 됩니다. 기다리고 참으면, 마침내 하나님이 신원해 주시는 시간이 옵니다. 우리를 성가시고 아프게 하는 그 지체의 영혼이 회개하고 돌이키도록 하나님이 허락하시는 순간이 옵니다. 혹은 평생의 아픈 환경과 고통을 우리에게 정하신 때가 되면 바꾸어 내시는 영광을 틀림없이 경험하게 하실 것입니다. 야고보는 이렇게 말했습니다.

그러므로 형제들아 주께서 강림하시기까지 길이 참으라 보라 농부가 땅에서 나는 귀한 열매를 바라고 길이 참아 이른 비와 늦은 비를 기다리나니 너희도 길이 참고 마음을 굳건하게 하라 주의 강림이 가까우니라 … 보라 인내하는 자를 우리가 복되다 하나니 너희가 욥의 인내를 들었고 주께서 주신 결말을 보았거니와 주는 가장 자비하시고 긍휼히 여기시는 이시니라 약 5:7-11

하나님은 자비하시고 긍휼히 여기시는 분입니다. 우리가 참고 견딜 때, 절대 우리를 부끄럽게 하지 않으시고 때가 되면 틀림없이 기다림을 만족하게 하는 복된 순간을 주실 것입니다. 이 사실을 믿어 낙심하지 않고 사람을 기다리고 환경을 인내하다가 성령님이 주시는 귀한 열매를 풍성하게 맺기를 기대하고 축복합니다.

> **화종부 목사의 핵심 메시지**
> - 모든 좋은 것은 대부분 오래 참는 과정을 거쳐서 주어진다.
> - 하나님은 우리의 삶에서 견디고 참고 기다리는 과정을 거치게 하실 때가 있다.
> - 기다리고 참으면 마침내 하나님이 신원해 주시는 시간이 온다.

07

시대를 거슬러 사는
따뜻한 중심,
자비

자비를 행하는 일에 왜 이토록 자주 실패합니까?

성령의 아홉 가지 열매 중에서 다섯 번째인 '자비'가 이 장의 주제입니다. '인내'가 단단한 열매라면 '자비'는 부드러운 열매입니다. 인내를 뒤이어 자비가 나오는 것이 흥미로운 이유는 둘 다 사랑의 본질적인 속성이기 때문입니다. 우리가 누군가를 사랑할 때 그를 사랑하는 사람으로서 가장 많이 드러내야 하는 성품 중 하나가 자비입니다. 다른 이들에 대해 자비로운 태도를 갖는 것은 참으로 사랑의 특징 가운데 하나입니다.

'자비'라고 하면 우리 마음속에 '누군가를 불쌍히 여기는 느낌'이 전달되는데, 자비를 조금 더 정확하게 정의해 보겠습니다. 성경이 말하는 자비는 어떤 요소들을 묶어 놓은 단어일까요?

자비의 세 가지 핵심 요소

첫째, 사람을 대하는 자세가 따뜻하고 온순한 것입니다. 새로 만나는 사람이든 이전부터 알고 지낸 사람이든, 우리를 불편하게 만들고 마음에 썩 들지 않는 사람이든 그 사람에 대한 보편적인 공경이 살아 있는 자세를 취하는 것을 의미합니다.

우리가 사는 시대는 적지 않은 이들이 다른 사람을 까칠하게 대합니다. 그러나 어떤 사람을 대하더라도 사람에 대한 기본적인 공경 아래 따뜻하고 온순한 마음으로 대하는 것이 자비의 첫 번째 중요한 요소입니다.

둘째, 사람의 어떤 요소보다 그의 필요를 먼저 보는 것입니다. 사람에게는 여러 요소가 있습니다. 그중에는 우리 마음에 드는 부분과 들지 않는 부분, 싫어하는 부분과 좋아하는 부분도 있을 것입니다. 여기서 자비란 사람을 바라볼 때 됨됨이, 능력, 사회적 신분과 지위 등 우리의 관심을 가져가는 요소에 마음을 빼앗기지 않고 그의 필요에 마음이 먼저 기우는 것입니다. 사람의 아픔과 질고가 먼저 눈에 들어와서 그를 바라볼 때 그 필요를 공급하고 채워 주려는 구체적인 행실이 자비의 두 번째 핵심 요소입니다. 우리가 어떤 사람을 보고 '참 안됐다' 하고 지나가는 것은 자비가 아닙니다. 그가 처한 좋지 않은 환경이나 아픔으로부터 어떤 수고든 섬김이든 제공함으로 그가 유익과 건짐을 얻어 변화되고 나아지도록 하는 것, 즉 구체적인 행동이 자비입니다. 우리는 완전할 수 없는 인생이면서도 마치 나는 완전할 수 있는 것처럼 다른 사람을 까탈스럽게 대할 때가 참 많은 것 같습니다. '이 사람은 이 점은 좋은데 저 부분은 마음에 안 들어' 하면서 말입니다. 내 마음에 안 드는 요소들이 혹 있을지라도 그런 것에 초점을 맞추어서는 안 됩니다. 오직 그가 필요로 하는 것, 그가 처한 질고와 문제에 마음을 기울여 구체적으로 도움을 주고 유익을 끼쳐야 합니다.

셋째, 누군가의 필요를 채워 주되 보상을 바라지 않는 것입니다. 자비는 가벼운 의미에서 말하면, 예배당에 앉아 있는 새신자가 당황하고 낯설어 눈을 어디에 두어야 할지 모를 때 "새로 오셨군요. 잘 오셨습니다" 하고 따뜻한 말을 건네는 것일 수 있습니다. 혹은 어쩌다가 눈길이 스쳤는데 그 눈을 마주치면서 보내는 마음이 담긴 미소, 환영 등도 얼마든지 자비라 할 수 있습니다.

그러나 자비라는 단어 안에 들어 있는 중요한 요소는 바로 우리가 해야 하는 당연한 바를 넘어서는 것입니다. 어떤 사람들의 필요를 채우고 유익을 끼치기 위해서 구체적인 행실을 할 때 다시 되돌려받음에 대한 기대나 전망도 내려놓는 것입니다. 보상과 관계없이 누군가의 필요를 어떻게든 채워서 그가 유익을 얻도록 하고 싶어 하는 성품이 자비입니다. 보상이나 의무와 기준을 맞추는 것에 초점을 두지 않고 그가 꼭 일어나 살아 주기를 기대하는 성품이 자비입니다.

이렇게 자비를 정의한다면 자비의 반대는 무엇일까요? 투기입니다. 투기는 다른 사람이 잘되는 것을 못 견딥니다. 다른 사람에게 좋은 일이 있는 것을 견딜 수 없어 시기하고 허점을 잡아내려는 나쁜 마음입니다. 투기하고 질투하는 마음이 자비와 대척점에 선 특징이라 할 수 있습니다. 혹은 시기만큼은 아닐지라도 대체품으로 머무는 자비도 있습니다. 진짜 자비가 아니라 대체물에 불과한 자비입니다. 눈속임으로 하는 착한 행동이 그것입니다. 사람들의 눈에는 착한 행동같이 보이지만 눈속임으로 하는 행동은 우리의 성품이 달라지는 데 어떤 기여도 할 수 없습니다. 하나님도 기억하지 않으실 뿐 아니라 우리의 삶이 바뀌지도 않습니다.

자비의 대체품 중에는 하나님 앞이나 사람들 앞에서 '나는 썩 괜찮은 사람이다'라고 여기게 만드는, 스스로를 자축하기 위한 자비도 있을 것입니다. 내가 사람들 앞에 어떻게 평가되는가에 초점이 기울어져 있기에 진짜가 아니라 대체물에 불과한 자비입니다. 스스로는 만족하지만 아무런 열매도 맺히지 않는 그런 행위는 성경이 기대하는 자비와 관계가 없습니다.

하나님의 속성, 헤세드

자비는 하나님의 핵심적인 성품 중 하나입니다. 구약 성경에서 하나님을 가리키고 묘사할 때 제일 많이 나오는 단어는 히브리어 '헤세드'입니다.

이 말은 여러 의미로 번역할 수 있지만 크게 두 가지로 요약하면 먼저 '하나님의 사랑'입니다. 신실하게 책임지시는 사랑을 가리킵니다. 하나님의 신실하심에 초점을 맞출 때 헤세드라는 단어를 사용합니다. 하나님이 우리를 사랑하시는데 그냥 사랑하시는 정도가 아니라 신실하게 끝까지 변함없이 책임 있게 우리를 사랑하신다고 할 때 헤세드라고 부릅니다.

또 헤세드는 '하나님의 긍휼' 혹은 '하나님의 자비'라고 번역될 수 있습니다. 우리 안에 한계와 모자람이 얼마나 많습니까. 더 적극적으로 말하면, 우리 안에는 악함과 추함과 무자격함과 죄가 무수히 많습니다. 그런데 하나님은 우리의 그런 모습에 주목하지 않으십니다. 대신 하나님은 우리의 불쌍함, 필요, 질고와 눈물과 아픔에 마음을 두십니다. 어떻게 하든지 우리를 그 자리에서부터 건져 치료하시고 회복시키시고 도움을 제공하시는 마음이 바로 자비, 헤세드입니다.

제가 보기에 자비는 조국 교회 성도들이 제일 누리지 못하는 하나님의 성품인 것 같습니다. 만약 주님이 우리를 자비로 대하지 않으시고 우리가 행한 대로 대하신다면 우리의 삶은 얼마나 불행하겠습니까. 세상을 살아가면서 소망도, 아무 기대도 없는 인생을 살 수밖에 없습니다.

그런데 하나님은 우리를 그렇게 대하지 않으십니다. 우리의 무수한 무자격함과 모자람에도 불구하고 우리의 비참과 질고와 불행과 아픔에 마음을 기울이시면서 불쌍히 여기사 자비를 베푸십니다. 주님은 결코 세상 사람들처럼 "너는 자격이 안 돼. 너는 조건을 갖추지 못했어. 나는 도저히 너의 그런 부분을 받아들일 수가 없어" 하며 우리를 대하지 않으십니다.

그분이 우리의 하나님이시기 때문에 우리는 삶의 어떤 경험을 통과하는 순간에도 하나님 앞에 담대하게 서는 용기를 얻을 수 있습니다. 주님이 나를 어떻게 대하실까를 조금도 두려워하지 않고, 담력을 가지고 담대하게 서서 "아버지!" 하고 그분을 부를 수 있습니다. 하나님이 우리를 자비를 따라 대하시기 때문입니다.

조국 교회에서 성도들이 제일 좋아하는 말씀인 시편 23편에는 하나님의 자비에 대한 이야기가 나옵니다.

> 내 평생에 선하심과 인자하심이 반드시 나를 따르리니 내가 여호와의 집에 영원히 살리로다 시 23:6

"주님이 내 목자가 되시기에 내 삶의 고비고비에서 나를 물가로, 초장으로 이끌어 가실 뿐 아니라 영원토록 자비가 멈추지 않는 삶으로 인도하신다. 나는 어떤 삶의 자리를 통과하는 순간에도 여호와의 집에 영원히 거하고 영원히 살리라!"

이것이 시편 23편이 결론처럼 고백하는 내용입니다. 이 모든 감격의 원인은 하나님의 우리를 향한 자비하심이 영원하기 때문이라고 시편 기자는 고백합니다.

시편 136편은 1절부터 26절까지 모든 절에 한 번도 멈춤이 없이 창조주 하나님, 우리의 구원자이신 하나님께 감사하고 감격하는 고백이 반복되는 시입니다. "그 인자하심이 영원함이로다"가 이 짧은 시에 스물여섯 번이나 반복됩니다. 하나님의 자비하심이 시편 136편의 주제 중 하나인 것입니다.

하나님의 모든 자비 가운데 최고의 절정은 아들 하나님을 아무 자격도 없는 우리를 위해 보내 주신 것입니다. 하나님은 자비하신 성품을 따라서 우리의 필요를 위해서 아들 하나님의 귀한 생명을 바치게 하셨습니다. 우리가 처한 곤경과 비참으로부터 건지시기 위해서 자비를 베풀어 주셨습니다.

바울은 예수님이 세상에 오셔서 사신 삶을 가리켜 디도서에서 이렇게 표현했습니다.

우리 구주 하나님의 자비와 사람 사랑하심이 나타날 때에 딛 3:4

예수님이 세상에 오셔서 사신 삶을 누구든지 선명하게 깨닫고 참여할 수 있도록 자비를 밝히 드러내 그 자비 안에서 우리가 어떻게 영접되고 받은 바 되는지를 알 수 있도록 하신 것입니다.

제가 성경을 평생토록 연구해 오면서 느끼는 참 놀라운 감격이 있습니다. 세상은 끝없이 우리에게 말합니다. "자신감을 가져라. 이것을 이루고 나면 더 큰 자신감을 가지고 무엇인가를 더 이룰 수 있을 것이다."

그런데 성경은 그렇게 가르치지 않습니다.

"하나님이 우리 같은 자들을 위해서 은혜를 주셨다. 하나님은 그분의 자비하심으로 우리의 아픔을 크게 여기시기에 우리의 질고와 아픔에 주님의 눈이 머물러 있다. 주님은 우리같이 허물 많고 어리석은 자들의 약함을 비난거리로 만들지 않으시고 긍휼히 여기신다. 그리고 그 비참으로부터 반드시 건짐을 얻는 자리로 데려오고 싶어 하신다. 아버지의 자비를 경험하면 할수록 우리는 겸손과 깨어짐과 낮아짐을 경험하게 된다. 스스로 용기를 가지고 자기를 믿고 세상을 사는 것이 아니다. 하나님을 향해서 한없는 감격과 겸손한 마음을 잃지 말라."

바로 이것이 성경이 우리를 데려가는 지점입니다.

하나님은 우리에게 기대하십니다. 하나님의 자비하심을 경험한 우리가 동일하게 자비한 성도의 삶을 살기를 바라십니다. 우리의 성품에는 없던 자비의 열매를 삶으로 드러내며 살기를 기대하고 계십니다.

룻과 보아스에게서 찾은 자비

룻은 자비를 행한 대표적인 인물입니다. 어린 나이에 자식도 없이 남편이 죽었습니다. 시아버지를 잃었고 시동생도 죽어서 여자 셋만 남겨진 기가 막힌 사연을 가진 여인이었습니다. 그러던 어느 날 시어머니 나오미가 고향 땅에 하나님이 떡을 주셨다는 소문을 듣고 떡의 도시인 베들레헴으로 돌아가려 합니다. 길을 나선 나오미는 아무리 생각해도 아직 젊고 남은 날이 훨씬 더 많은 두 며느리가 마음에 걸립니다. 그래서 두 며느리를 붙들고 "사랑하는 딸들아 돌아가라" 하고 간곡하게 말합니다. 며느리 오르바는 나오미의 말에 고향으로 돌아갔으나 룻은 돌아가지 않았습니다.

왜입니까? 자기를 먼저 생각했다면 룻도 돌아갔을 것입니다. 아직 젊은 룻은 시집을 갈 수 있었습니다. 게다가 당시는 이스라엘이 출애굽한 직후인 사사 시대로, 이스라엘 백성이 제일 싫어하는 민족 중 하나가 모압이었습니다. 출애굽 때 너무나 비참하게 모압 왕 발락의 꾀에 속아 넘어가서 하나님의 진노를 면할 수 없었던 역사가 그렇게 멀지 않은 과거에 일어났기에 아직도 기억에 생생했습니다. 이런 이유로 룻이 과부의 몸으로 아무 소망도 없는 나오미를 따라 베들레헴 땅으로 돌아가는 일은 정말 쉬운 선택이 아니었을 것입니다. 그런데 룻은 무엇이라고 고백합니까?

> 내게 어머니를 떠나며 어머니를 따르지 말고 돌아가라 강권하지 마옵소서 어머니께서 가시는 곳에 나도 가고 어머니께서 머무시는 곳에서 나도 머물겠나이다 어머니의 백성이 나의 백성이 되고 어머니의 하나님이 나의 하나님이 되시리니 어머니께서 죽으시는 곳에서 나도 죽어 거기 묻힐 것이라 만일 내가 죽는 일 외에 어머니를 떠나면 여호와께서 내게 벌을 내리시고 더 내리시기를 원하나이다 룻 1:16-17

주옥같은 사랑 고백과 자비의 행실이 룻에 의해 드러나고 있습니다. 소망 없어 보이는 길, 그 어떤 작은 것이라도 돌려받으려고 했다면 절대 선택할 수 없는 길을 룻은 자비를 따라 행했습니다. 하나님이 자기를 대하신 것과 똑같이 시어머니를 대하며 그 어려운 걸음을 나선 것입니다. 룻기를 읽어 보면 알 수 있지만, 룻이 그때 한 번만 자비를 베풀었다고 말하지 않습니다.

룻을 향한 보아스의 고백을 들어 보십시오.

네가 베푼 인애가 처음보다 나중이 더하도다 룻 3:10

보아스가 언제 이렇게 말했습니까? 룻이 타작마당에 누워 있는 보아스, 나이 많아 아무도 원하지 않았을 그의 이불을 열고 들어가서 자기와 혼인해 주기를 요청하자 보아스가 룻을 바라보면서 한 말입니다.

이전에도 이미 자비를 행했지만 나중에 베푼 이 인애, 즉 나이 많은 남자와 결혼해서라도 엘리멜렉의 대를 잇고 나오미의 평생을 보존하고 싶어 하는 룻의 자비에 보아스는 깊이 감동하며 감격했습니다. 그런 보아스의 고백을 통해 룻의 또 다른 자비를 향한 이야기가 기록된 것입니다.

보아스 역시 자비를 행한 전형적인 사람입니다. 자기 재산을 아까워하지 않고, 태어날 아이가 자기 이름을 사용할 수 없음에도 조금도 주저하지 않고 룻을 받아서 나오미를 봉양하고 엘리멜렉의 대를 잇기로 결정했기 때문입니다.

이처럼 룻과 보아스의 자비가 룻기 전체를 지배하고 있습니다. 그러나 사실은 그들을 그렇게 살게 만드신 하나님의 자비까지 삼중적인 자비가 룻기를 관통하는 주제입니다. 메말라 가는 세상 속에서 자비로움이나 따뜻한 공경보다는 상처받지 않기 위해 상대를 까칠하고 뾰족하고 피상적으로 대하는 이 시대에 룻기는 우리가 인생을 어떻게 살아야 하는지를 알려 줍니다.

모두가 자기 소견에 옳은 대로 행하고, 진리의 말씀을 건강하고 바르게 순종하지 않으며, 하나님을 왕으로 모시고 사는 일이 없는 패역한 사사 시대에 자비의 사람으로 이 시대를 살아야 할 이유를 설명하고 가르치고 따라오도록 초대하는 책이 룻기입니다.

자비와 우리 예수님

우리 주님은 무수한 장벽을 뛰어넘고 죄가 관영한 세상이 보편적으로 받아들이던 사회적 금기를 다 무너뜨리면서 무엇을 하셨습니까? 혈루증 여인을 가까이에 두시고, 맹인 바디매오의 부르짖음을 외면하지 않으셨습니다. 많은 사람이 종교적인 이유로 그들을 멀리했지만 주님은 전혀 그렇게 하지 않으셨습니다.

그들의 무수한 무자격함과 결격 사유에도 불구하고 그들이 겪는 질고와 슬픔과 눈물과 아픔에 마음을 기울이시고 그들을 불러서 그 아픔을 다루어 내셨습니다. 주님의 도우심으로 그 자리를 빠져나오도록 그들을 섬기셨습니다. 수로보니게 여인을 거절하지 않으시고, 예수님의 발에 향유를 부은 여인을 제자들처럼 대하지 않으시고, 십자가에 달리셔서도 제자에게 어머니를 부탁하셨습니다. 주님의 자비는 그리스도인인 우리의 삶에 보배 같은 신앙의 특성 중 하나입니다.

미가 6장은 신앙을 두 가지로 요약해 두었습니다. 하나님의 거룩하심을 아는 바른 정의, 동시에 인자를 행하는 것(헤세드)이야말로 신앙의 두 가지 요약이 아니겠느냐고 선지자는 말합니다.

> 사람아 주께서 선한 것이 무엇임을 네게 보이셨나니 여호와께서 네게 구하시는 것은 오직 정의를 행하며 인자를 사랑하며 겸손하게 네 하나님과 함께 행하는 것이 아니냐 미 6:8

잠언은 놀랍게도 우리가 이처럼 자비를 행할 때 하나님을 본받는 자가 될 뿐 아니라 한 걸음 더 나아가서 우리도 하나님을 향하여 자비를 베푸는 자가 된다고 말합니다.

> 가난한 사람을 학대하는 자는 그를 지으신 이를 멸시하는 자요 궁핍한 사람을 불쌍히 여기는 자는 주를 공경하는 자니라 잠 14:31

> 가난한 자를 불쌍히 여기는 것은 여호와께 꾸어 드리는 것이니 그의 선행을 그에게 갚아 주시리라 잠 19:17

신약에서 예수님은 자비를 가르치시며 이렇게 말씀하셨습니다.

내가 주릴 때에 너희가 먹을 것을 주었고 목마를 때에 마시게 하였고 나그네 되었을 때에 영접하였고 헐벗었을 때에 옷을 입혔고 병들었을 때에 돌보았고 옥에 갇혔을 때에 와서 보았느니라
마 25:35-36

주님의 평가가 무엇입니까? "너희가 여기 내 형제 중에 지극히 작은 자 하나에게 한 것이 곧 내게 한 것이니라"(마 25:40)라고 하십니다.

삶의 습관으로서의 자비

예수님의 제자로서 그분의 본보기를 따라 행해야 함에도 불구하고 매일의 삶에서 다른 이들에게 자비를 베푸는 일에서 왜 그처럼 자주 실패합니까? 사람에게 주목하지 않고 자꾸 성공에 주목하기 때문입니다. 많은 경우 우리는 너무 바쁘고 방해받기를 원하지 않기 때문입니다. 해야 할 일, 만나야 할 사람, 마무리해야 하는 업무들이 있습니다. 여기저기 바쁘게 어딘가로 가야 하고, 해야 할 일들과 스케줄이 가득 차 있으며, 그래서 시간이 너무 소중

합니다. 그러면서 끝없이 다른 것이 사람보다 앞자리에 와 있습니다. 잠시 멈춰 노숙하는 걸인에게 말을 건네거나, 길을 잃은 것처럼 보이는 외지인에게 다가가 도움을 줄 수 있는 순간을 지나쳐 보내고 맙니다. 누군가에게 피해를 주지는 않지만 자비를 베풀 수 있는 선한 기회도 놓치고 사는 것입니다. 다른 누군가에게 자비를 베풀기 위해 내 삶이 방해받는 것을 허용하지 않는 것입니다. 예수님과는 전혀 다른 모습입니다.

그렇게 바쁘고 분주하게 뭔가에 끝없이 붙들려서 살아가는데 그 실체가 자기에게 함몰되어 있습니다. 자기가 하고 싶은 것, 좋아하는 것, 원하는 것 등을 하느라 결국에는 정말 가치롭고 소중한 사람에게 에너지를 쏟지 못합니다. 한 번밖에 없는 짧은 생을 살아가면서 온통 관심사가 내가 원하는 것, 내가 좋아하는 것, 내가 하고 싶은 것에 함몰되어 있습니다.

눈을 열어서 이웃의 필요와 아픔이 무엇인지, 이 땅을 살아가는 그의 눈물과 아픔이 무엇인지, 그의 필요가 무엇인지가 눈에 먼저 들어와야 하지 않겠습니까? 길을 멈추고 호주머니를 뒤져서 그의 필요를 공급해 주고, 귀를 열어 그가 아파하는 이야기를 들어 주어야 하지 않겠습니까? 주님의 마음처럼 말입니다. 내 마음에 들지 않는 그들의 무수한 약점과 싫은 부분들 때문에 걸려 넘어지지 않고, 그럼에도 불구하고 시간을 투자해서 그 사람의 질고와 존귀함을 회복시킬 수 있도록 도우며 살아야 하지 않을까요. 그런데 우리는 모두 자기에게 함몰되어서 끝없이 사람보다 더 귀한 무엇인가가 있는 것처럼 바쁘고 분주하게 살아가고 있습니다.

자비는 우리의 자연스러운 태도가 아니라 성령의 열매입니다. 하나님의 영이 충만하심으로 인해 우리에게 맺히는 열매입니다. 열매이기는 하지만 동시에 우리가 길러야 하고 그것이 우리의 성품을 이루는 습관이 되게 해야 합니다.

무엇인가 습관이 되려면 자비를 행하는 것이 행하지 않는 것보다 더 자연스러워야 합니다. 자비를 행하는 것에 실패하고 너무나 비참한 마음이 들 때마다 자신에게 물어야 합니다. '성도로서 내가 어떻게 그토록 불친절할 수 있을까? 하나님이 나에게 주신 귀한 기회를 내가 헛되이 흘려보냈구나!' 하며 가슴을 찢어 내야 합니다. 그러고는 '내 삶에 하나님이 그런 기회를 주실 때 다시는 그렇게 흘려보내지 않으리라' 다짐해야 합니다.

요즘은 대부분이 카드를 사용하지만, 지갑에 여분의 돈을 꼭 넣어 다니면서 언젠가 누가 나에게 도움을 요청하고 필요로 할 때 절대로 주저하지 않고 필요를 채워 그의 삶을 복되고 유익하게 하리라 다짐하면서 살아야 마땅합니다. 그런데 우리는 너무 쉽게, 너무 편하게, 성가시지 않게 사는 삶이 좋은 삶인 것처럼 사람을 향한 관심을 다 잃어버린 채 살아갑니다.

성도와 교회 때문에 무수한 사람들이 시대를 거스르는 따뜻한 중심이 살아나고 회복되는 영광이 있기를 간절히 바랍니다. 이렇게 날마다 자기를 부인하며 자비를 베풀 때 우리는 그리스도를 닮은 사람의 모습으로 나타나게 될 것입니다. 자비의 최종적인 결과는 사람들을 그리스도께로 이끌어 가는 것입니다.

화종부 목사의 핵심 메시지

- 하나님은 자비를 경험한 우리가 자비한 성도의 삶을 살기를 바라신다.
- 내 관심사, 내가 좋아하는 것에서 눈을 들어 이웃의 필요와 아픔을 보아야 한다.
- 자기를 부인하며 자비를 베풀 때 예수님을 닮은 사람으로 나타나게 된다.

08

구원 이후에 대한
성도의 응답,
양선

예수님 때문에 행하는 일이 나에게 있습니까?

이 장에서는 여섯 번째 성령의 열매인 '양선'이라는 주제를 다룹니다. '양선'이라는 말은 참 어렵습니다. 우리에게 익숙한 단어로 바꾸면 '착함', '선행'이라고 할 수 있습니다. 성령님이 임하심으로 성도 된 우리의 삶에 드러나는 중요한 열매 중 하나가 풍성한 선행, 즉 많은 선을 행하는 것입니다. 양선을 정의한다면, '후히 베풀고 넉넉하게 나누어서 어려움을 경험하고 있는 사람들을 돌보고 섬기는 것'이라 할 수 있습니다.

양선은 우리 안에서 일어나는 중요한 변화의 열매요 증거로서 밖으로 드러나는 성품입니다. 이러한 양선에는 중요한 두 가지 요소가 있습니다.

양선의 중요한 두 가지 요소

첫째로, 마음 중심의 진실함입니다. 착한 일과 남을 돕는 일은 때때로 마음 중심에 진실함이 없어도 하는 체할 수 있습니다. 진실한 마음 없이도 사람들 눈에 착하고 좋은 일을 하는 듯이 보일 수 있습니다. 그러나 성령의 열매로서의 양선은 간사함이나 눈속임 없이, 한결같은 정직과 진실함을 가지고 이웃의 필요와 아픔을 어떻게든 돕고 섬기려는 마음이 만들어 내는 선한 일입니다.

쉽게 말해, 마음이 반드시 같이 있는 선한 행실이 바로 양선입니다. 사람의 죄악 됨의 핵심은 마음은 딴 데 있는데 하는 척할 수 있고, 그런 척 평가받고 싶어 하는 존재들이라는 것 아닙니까. 그런데 남을 돕고 섬기고 싶어 하는 마음의 중심이 투명하게 담겨서 어떤 선한 행실로 나올 때, 즉 안과 밖이 일치할 때 양선이라고 합니다.

둘째로, 이처럼 외적인 표현과 내면의 일치로 자연스럽게 어떤 결과가 있겠습니까? 선한 일은 결심한다고 해서 쉽게 할 수 있는 일이 아닙니다. 흔히 선한 일을 행하려고 하면 많은 핑곗거리가 생기기 마련입니다. 그럼에도 그 핑계에 지지 않고 유혹을 견디고 참아 내면서, 어려움이 수반될지라도 선한 일을 선택하는 것이 양선입니다.

많은 사람은 쉽게 생각하기를, 선한 일은 누가 봐도 좋은 일이니까 어렵지 않을 것이라고 여깁니다. 하지만 그렇지 않습니다. 우리는 부패한 죄인이기에 선한 일을 하려고 할 때 우리를 거스르는 많은 부분이 생기고, 그 순간 '그럴 바에 그만두자' 하는 핑계와 유혹이 무수히 다가옵니다. 그러나 이런저런 문제들이 수반될지라도 절대로 포기하지 않고 선한 일을 선택하는 것, 이것이 양선이 가진 두 번째 중요한 요소입니다.

양선이 사라지는 시대

조국 사회를 생각해 볼 때, 30년 전만 해도 정말 가난하고 전 세계에서 아무도 주목하지 않을 만큼 평범하고 약한 사회였습니다. 그래도 그때는 인심이 넉넉했고 사람들 마음에 선함이 있었던 것 같습니다. 요즘은 자문화에 대한 자부심이 굉장히 강한 프랑스인들도 한국 문화를 좋아하고 한국에 오고 싶어 하는 참 특별한 시대인데도 우리의 마음은 선함을 자꾸 소실해 가고 굉장히 거칠어지고 있습니다. 매우 바른말을 하는 것 같은데 아무 도움이 안 되는 말들이 오갑니다.

그러나 예수님을 믿고 나면 성령님이 그 속에 들어와 계시고, 그 성령의 충만한 도우심이 삶 가운데 임할 때 양선이 삶의 열매로 맺힙니다. 앞서도 설명했지만 양선은 아픔을 가지고 살아가는 사람들의 많은 눈물과 질고를 그들의 문제로 치부하고 지나가지 않고, 어떻게든 돕고 싶어 하는 선한 마음이 만들어 내는 선한 행실입니다.

성도는 아무리 대가 지불이 따른다 해도, 시련과 어려움 앞에서 어쩔 수 없다고 합리화하며 뒷걸음질 치지 않고 이겨 내면서, 선한 일을 선택하는 요소들이 성령님의 도우심 안에 삶의 열매로 드러나야 합니다.

세상은 성도인 우리 삶을 보면서 무슨 생각을 할까요? 이 시대의 조국 사회는 '돈이 많아서 성공한 사람'으로 평가받기를, '능력이 출중한 사람'으로 평가받기를, '실패하지 않고 성공한 사람'으로 평가받기를, '높은 신분과 지위를 가져서 남들보다 훌륭한 사람'이라고 평가받기를 원하며 그것에 온 에너지를 다 쓰는 것 같습니다.

하지만 성경은 우리에게 그렇게 말하지 않습니다. 부자든 가난한 사람이든, 지위가 높은 사람이든 낮은 사람이든, 능력이 출중하든 그렇지 않든, 어떤 삶의 자리에 부름을 받았든, 어떤 형편과 처지에 있든 간에 하나님이 우리 안에서 시작하신 새로운 일 때문에 주님의 말씀을 따라 양선을 행하라고 합니다.

누구든지 제자의 이름으로 이 작은 자 중 하나에게 냉수 한 그릇이라도 주는 자는 내가 진실로 너희에게 이르노니 그 사람이 결단코 상을 잃지 아니하리라 마 10:42

성경은 우리가 부름받은 자리에서 얼마나 많은 나눔을 하며 살았는가를 묻습니다. 성도 된 우리의 삶에 예수님을 만나고 은혜가 무엇인지를 몰랐으면 전혀 하지 않았을 일들이 풍성하게 일어나고 있습니까? 다른 사람의 아픔과 눈물을 나의 것처럼 여기면서 그들을 돕고 섬기기 위해서 베풀고 나누는 일들이 삶에서 풍성하게 일어나고 있습니까?"

세상은 많이 가진 것, 남들이 따라올 수 없을 만큼 높은 자리에 가는 것이 성공이라고 생각합니다. 하지만 성경은 얼마나 많은 사람이 성도인 우리를 거쳐서 도움과 섬김을 받고 유익을 얻어 아픔과 질고가 만져지는지가 중요하다고 말하며, 그것이 성도의 진정한 삶이라고 말합니다.

많은 재능을 가지고 세계적인 석학이 되고 남들이 모두 부러워할 만한 자리에 가는 것이 성공이 아닙니다. 아무리 탁월해 보여도 때가 되면 자리가 바뀌고, 시대의 조류가 달라지고, 새로운 학설이 나오면서 변화되는 것이 세상 일이지 않습니까. 그런데 우리는 마치 그것이 가장 귀한 목적인 양 삶을 살아가지는 않습니까.

주님께 거저 받은 귀한 선물 같은 은혜를 나만 간직하거나 내 안에 함몰되지 않고 나를 필요로 하며 눈물 흘리는 이웃의 아픔을 어떻게 하든지 만져 주려는 선행, 하나님을 영화롭게 하고 이웃의 고통을 돌보아 주는 삶을 사는 하나님의 사람들에게 있는 성품, 이것이 양선이라고 성경은 설명합니다.

양선의 사람들

양선의 대표적인 인물로 신약의 바나바와 구약의 다니엘을 들 수 있습니다.

착한 사람 바나바

사도행전에서 바나바가 제일 먼저 등장하는 곳은 4장입니다. 성경은 바나바를 이렇게 소개합니다.

그가 밭이 있으매 팔아 그 값을 가지고 사도들의 발 앞에 두니라

행 4:37

바나바는 밭을 자기 것이라고 주장하지 않고, 밭을 판 돈을 도움이 필요한 사람에게 직접 전달하지도 않고, 사도들의 발 앞에

가져다 두어 필요한 사람들에게 물질이 흘러가기를 바랐습니다. 어쩌면 자신이 드러나지 않는 상태로 누군가에게 도움을 베풀고 싶었는지도 모르겠습니다. 성경은 "바나바는 착한 사람이요"(행 11:24) 하고 '선함'을 바나바의 특징으로 묘사합니다. 직후에 바나바가 바울을 안디옥 교회로 데려오는 장면이 나옵니다. 이 당시 바울은 우리가 알고 있는 바울이 아닙니다. 그는 교회를 핍박하던 자로서, 성도들은 바울에 대해 여전히 의구심이 남아 모두가 조심하고 두려워하며 자유롭게 교통하지 못하던 때였습니다. 그런데 착한 사람 바나바는 의심하지 않고 바울을 교회로 불러들여서 안디옥 교회를 함께 섬기게 했습니다. 우리가 알다시피 안디옥 교회는 선교의 도구로 가장 귀하게 사용되었던 교회입니다.

하나님의 선하신 뜻에 복종한 다니엘

구약에서는 다니엘을 꼽을 수 있습니다. 다니엘은 포로로 잡혀간 이방 땅에서의 삶을 얼마나 제대로 살았던지, 주변에 대적과 그를 미워하는 사람들이 생겼습니다. 여기서 한 가지 알 수 있는 사실은 다니엘 같은 인물도 미워하는 사람이 나온다는 것입니다. 죄를 짓고 악을 행하는 자들에게는 하나님 앞에 선을 행하며 정직하게 사는 사람들을 못 견뎌 하는 요소가 있다는 사실을 기억하십시오.

그들은 다니엘을 넘어뜨리려고 기를 쓰며 때를 노렸는데 어디에서도 틈이 보이지 않자, 매일 세 번 하나님께 기도하는 다니엘의 신앙에서 그 틈을 찾기로 결심했습니다. 그러고는 누구든지 왕 외의 어떤 신이나 사람에게 무엇을 구하면 사자 굴에 던져 넣는 왕의 금령을 내리게 했습니다. 잘못하면 다니엘이 충성스러움과 신실함을 가지고 지금까지 이방 땅에서 이룬 모든 것을 한순간에 다 잃게 되는 위험천만한 상황이었습니다.

이방 땅에서도 하나님과 동행하면서 얻었던 모든 것이 날아가고 자칫 목숨도 잃게 될 그 순간에, 다니엘은 어떻게 했습니까? 대가 지불과 많은 시련이 눈앞에 보임에도 불구하고 분별된 하나님의 선한 뜻에 복종하기로 결심하고 기도하기를 멈추지 않았습니다.

이처럼 어려움이 닥치더라도 그 일을 선택해야만 정말 선한 일이 됩니다. 많은 사람이 '선한 일을 해야 한다'고 동의는 하지만 '때가 되면 할 거다'라고 쉽게 생각하면서 흘려보냅니다. 우리가 사는 이 시대는 쉬운 길이 있고 빠른 길이 있다고 끝없이 말하지만 그런 길은 없습니다.

어려움이 따르고 대가를 지불해야 하는 순간을 빠르고 쉬운 길 때문에 내려놓으면 어떻게 되겠습니까? 하나님의 말씀이 가르치는 것처럼 눈물을 흘리고 아파하는 사람들의 마음과 영혼을 만지고, 필요를 공급해 주고, 돕고 섬기는 일을 해야 하는 중요한 순간에 멈추면 어떻게 되겠습니까? 세상은 어려움 없이 쉽게 하는 선한 일이 있는 것처럼 말하지만, 그런 일은 없습니다. 모든 일이 때가 있습니다. 때를 놓치면 못 합니다. 그런데 우리는 너무 쉽게 타협하고 뒷걸음질 치면서 '지금은 할 수 없다' 하고 지나갈 때가 너무 많습니다. 하나님이 때를 주실 때, 기회를 주실 때 힘을 다해서 많은 선을 행하며 살아가는 것이 이 땅을 살아가는 성도 된 우리의 존재 목적임을 한순간도 잊지 맙시다.

양선의 근원이신 하나님

하나님은 선하시기 때문에 죄인인 우리가 죄 중에 망하지 않도록 아들 하나님을 보내셨습니다. 하나님이 정의롭기만 하시다면 우리의 죄에 대해 벌을 가하셨을 것입니다. 하지만 하나님은 선하시기에 인생의 무수한 악함과 어리석음과 죄 됨을 넘어 합력하여 선이 되어야 기뻐하십니다.

하나님은 우리의 잘못조차도 선을 만들어 내는 도구로 쓰기를 주저하지 않으십니다. 우리의 모자람과 악함조차도 하나님의 선하심을 극복하거나 이기지 못하도록 하나님은 우리를 도우시고 함께하십니다.

세상은 공부 잘하는 사람, 능력이 출중한 사람, 신분이 탁월한 사람, 얼굴이 잘생긴 사람, 많은 것을 소유한 사람들을 바라봅니다. 그런데 역사의 주인이시고 전능하신 하나님의 눈에는 누가 들어왔습니까? 고아와 과부와 나그네입니다.

주님은 우리의 삶에 하나님이 허락하신 그 무수한 것들을 가지고 눈물 흘리는 사람들의 눈물을 닦아 주기를, 우리가 도와야 그 아픔을 덜 수 있는 사람들을 곁에 두기를, 많은 선을 행하는 성도다운 성도가 되기를 기대하십니다.

주님은 산상설교 중에 "너희는 세상의 빛이라"(마 5:14) 이르시고는, "너희 빛이 사람 앞에 비치게 하여 그들로 너희 착한 행실을 보고 하늘에 계신 너희 아버지께 영광을 돌리게 하라"(마 5:16)라고 말씀하셨습니다. 주님은 이처럼 선행을 강조하시는데도 우리는 왜 '지금은 때가 아니야. 때가 되면 할 수 있겠지' 하고 그렇게 쉽게 타협하면서 지나갈까요?

기독교의 중요한 가르침 중 하나가 "구원은 행함으로, 선행으로 받는 것이 아니라 은혜로 받는 것이다"라고 말합니다. 많은 사람이 성경이 강조하는 만큼 선행을 눈여겨보지 못합니다. 물론 우리가 부지런히 배운 것처럼 하나님의 백성이 되고 천국에 들어가는 것은 절대로 행위를 조건으로 삼아서, 선행을 공로로 삼아서 이루어지는 일이 아닙니다. 행위로 구원받을 수 있는 사람은 아무도 없습니다. 그렇지만 거듭나서 성도가 되고 은혜를 알고 나면 우리의 삶에 성도 된 가장 중요한 표현이 나타나기 마련인데, 그중 하나가 선행입니다.

우리는 평생을 하나님 없이 나밖에 모르고, 하나님조차도 얼마든지 나보다 덜 중요하신 존재로 여기며 살았습니다. 그런 우리가 스스로에게 함몰되어 있는 자아로부터 눈을 떼어 하나님을 영화롭게 하는 것은 저절로 되는 일이 아닙니다. 나를 돋보이고 높이기 위해서 이웃을 이용하는 것이 아니라 진정 그들이 사람의 존엄과 아름다움과 영광을 잃지 않도록 섬기고 돕고 세우는 일은 거듭난 성도의 새로워진 눈이 아니면 불가능합니다.

역사를 보십시오. 공산주의가 일어났을 때 유럽의 많은 석학은 새로운 시대를 꿈꾸며 지상 낙원의 도래를 기대하고 환영했습니다. 그러나 모두가 알고 있듯이, 공산주의는 옳은 이념을 표방한다는 미명으로 인류 역사상 많은 사람을 죽음으로 내몰았습니다.

이웃의 눈물과 아픔에 대해 진실하게 섬기고 돕고 싶어 하는 선행은 은혜로 말미암아 거듭난 신자들이 마땅히 행할 바입니다. 우리같이 자격 없는 자들을 선대하시는 하나님 아버지의 마음을 알기에 하나님을 영화롭게 하고자, 자기에게 함몰된 눈을 떼서 이웃들을 살피며 돌보고 섬기기 시작함으로 선한 일을 행하는 하나님의 백성이 되는 것입니다.

나를 통해 다른 이들이 살아나는 이야기를 해야 할 때

에베소서 2장은 우리가 은혜로 구원받은 이야기를 하는 가장 전형적인 본문입니다.

> 너희는 그 은혜에 의하여 믿음으로 말미암아 구원을 받았으니 이것은 너희에게서 난 것이 아니요 하나님의 선물이라 행위에서 난 것이 아니니 이는 누구든지 자랑하지 못하게 함이라 우리는 그가 만드신 바라 그리스도 예수 안에서 선한 일을 위하여 지으심을 받은 자니 이 일은 하나님이 전에 예비하사 우리로 그 가운데서 행하게 하려 하심이니라 엡 2:8-10

성도가 되고 구원에 들어가는 것은 은혜가 아니면 불가능합니다. 이것은 아무도 반박할 수 없는 참된 진리입니다. 그런데 그 은혜를 통해서 우리를 다시 그리스도 안에서 지으심을 받게 하신 목적이 무엇이라고 말합니까? '선한 일에 열심을 다하는 하나님의 백성이 되게 하려는 것'입니다.

이것이 우리를 살리시고 구원하신 하나님의 너무나 중요한 목적입니다. 거듭난 모든 진실한 성도들은 존재 목적 자체가 선을 행하기 위함임을 알기에, 성도는 삶에서 많은 선을 풍성히 행하게 됩니다. 이것은 성도 됨의 아주 중요한 표시 중 하나이기에 우리

개인의 삶과 공적인 삶에서, 교회와 세상 안에서 선하고 옳은 일을 행하는 데 헌신해야 합니다.

제가 개인적으로 부끄럽게 생각하는 점은, 조국 교회가 지금껏 해 온 간증의 대부분이 "우리가 예수 믿었을 때 이렇게 잘됐다. 내가 잘된 것은 말할 것도 없고 내 자녀도 이렇게 잘됐다"는 내용이라는 것입니다. 지난 30년간 해 온 그런 간증은 이제 그만해야 하지 않겠습니까.

물론 너무 가난하고 못 배우고 살았던 우리에게 지난 30년간 하나님이 풍성한 은혜와 많은 복을 주셔서 나는 물론 자식들까지도 잘됐다는 간증은 어떤 면에서 모두 부정적으로만 말할 수 없는 부분이 분명히 있습니다. 지금까지는 충분히 이해할 만합니다. 하지만 이제는 하나님이 주신 무수한 것들을 가지고 다른 사람을 돕고 섬길 때가 되었다고 생각합니다.

내가 잘되고 우리 가족이 잘되는 테두리 안에만 머물러 있지 않고, 우리 가족을 통해서 우리가 사랑하고 기도하며 길러낸 아들과 딸들을 통해서 무수한 다른 아들과 딸들이 살아나는 이야기를 해야 할 때가 되었습니다.

주저하지 마십시오. 머물지 마십시오. 합리화하거나 핑계하지 마십시오. 고난이 따르고 어려움이 수반되고, 때때로 '이 길을 가는 것이 정말 감당이 가능할까?' 하는 마음으로 위축되는 순간조차도 절대로 두려워하지 마십시오. 선한 일을 선택하기 위해서 값을 지불하는 것을 두려워하지 마십시오. 선을 많이 행하는 사람이 되어서 다른 사람이 우리를 떠올릴 때 다른 것 말고, '저 사람은 다른 사람에게 좋은 일을 하는 것을 제일 좋아했다, 정말 바보스러울 만큼 남들이 잘되는 것을 기뻐했다'라고 생각하기를 기대합니다.

성경은 얼마나 많은 본문에서 선행을 말할까요? 너무 많아 다 기록할 수 없어서 대표적인 몇 개의 성구만 소개하겠습니다.

> 하나님이 능히 모든 은혜를 너희에게 넘치게 하시나니 이는 너희로 모든 일에 항상 모든 것이 넉넉하여 모든 착한 일을 넘치게 하게 하려 하심이라 고후 9:8

> 우리가 선을 행하되 낙심하지 말지니 포기하지 아니하면 때가 이르매 거두리라 갈 6:9

갈라디아서 말씀은 우리가 선을 행할 때 마음 다칠 일이 무수히 일어난다고 합니다. 하지만 그런 이유로 절대로 선한 일을 포기하지 말고, 때가 되면 하나님이 반드시 당신의 뜻을 이루시는 영광이 드러날 줄 알고 계속하라고 권면합니다. 많은 사람이 "너 하나 제대로 산다고 세상이 바뀌나?"라고 말할 것입니다. 하지만 성도 된 우리는 다르게 살아야 합니다. 디도서 1장은 교회를 섬기는 일꾼의 중요한 자질 중에 하나로 "오직 나그네를 대접하며 선행을 좋아"(딛 1:8)하는 것을 꼽으며, 나이가 많은 여성도들은 "선한 것을 가르치는 자들"(딛 2:3)이 되어야 한다고 말합니다.

십자가와 부활의 본질

예수님을 믿어 은혜 안에서 구원받은 성도들에게 선한 일을 많이 하면서 살아야 한다는 권면은 성경에 왜 이렇게 반복해 나오는 것일까요? 그것은 바로, 거듭난 성도들이 하는 선한 일에는 십자가와 부활의 본질과 정수가 묻어 있기 때문입니다.

십자가가 무엇입니까? 십자가는 죄인들을 절대로 포기하지 않으시는 하나님의 선하심의 절정입니다. 죄인들을 포기하지 않으시는 하나님이 아들을 십자가에 다신 사건이지 않습니까. 그러면서 하나님은 우리 죄인들을 향해서 "나의 선함을 근거로 너희를 절대로 포기할 수 없다"고 말씀하십니다. 부활이 무엇입니까? "죄인을 포기하지 못하신 하나님의 선하심이 마침내 이 땅에 다른 질서와 새로운 생명을 가져오면서 하나님이 승리하셨다!"라고 선포하는 것이 부활을 요약한 메시지입니다.

우리가 살아가는 이 시대는 과학이 발전하고 물질이 풍성함에도 많은 사람이 살기 힘들어하고 좌절을 겪습니다. 결정적인 것이 무너졌기 때문입니다. 대부분은 선이 이긴다고 여기지 않기 때문에 눈앞에 있는 이익을 당장 취하려고 합니다. 그래서 "선이 궁극적으로 이긴다"는 분명한 신앙 고백이 무너지면서 세상이 같이 무너지는 것입니다. 이제 아무도 선을 행할 이유를 찾지 못하고 있습니다.

그러나 십자가와 부활은 분명하게 말합니다. "값진 생명으로 우리를 사시고 모든 죄를 이기신 주님의 승리가 온 만물과 천지에도 선명하게 드러날 복된 날이 틀림없이 올 것이다!" 세상은 그 모습을 어떻게 볼니까? 성도인 우리가 끝없이 선을 행하며 낙심하지 않을 때 보게 됩니다. '왜 저렇게 바보 같이 살까? 왜 저렇게 미련하게 눈앞의 유익을 먼저 챙기지 않고 살까?' 하는 이웃들에게 우리는 이 땅을 살면서 가진 소망이 무엇인지를 말해야 합니다. 귀하신 주님이 친히 생명으로 이루신 새 일이 완성될 날을 기다리고 있기 때문입니다.

온 세상에서 악이 이기는 것 같지만, 죄악이 더 강성하는 것 같지만 낙심하지 않고 선을 행하며 십자가와 부활의 본질과 진리가 삶을 통해 드러나도록 간증하고 살아 내는 것이 성도가 살아갈 삶의 방식입니다.

낙심하거나 합리화하거나 정당화시키지 말고 기회를 얻는 대로 선을 행하십시오. 많은 선을 행하고 실천하는 삶이 성도 된 우리의 특징이어야 합니다. 구주의 십자가와 부활의 영광스런 소망을 잃은 채 떠내려가는 배 같은 이 세상에 결국은 선이 이긴다는 산 소망이 다시 회복되면서 새로운 흐름이 만들어지는 복된 은혜가 임하기를 기대합니다.

화종부 목사의 핵심 메시지

- 양선은 후히 베풀고 나누어 어려움을 경험하는 사람을 돌보고 섬기는 것이다.
- 거듭난 성도들이 행하는 양선에 십자가와 부활의 본질이 묻어 있다.
- 선을 풍성히 행하고 실천하는 삶이 성도 된 우리의 특징이어야 한다.

09

하나님이
나의 주인이시므로 끝까지,
충성.

나는 무엇을 믿고 무엇을 사랑하고 무엇에 헌신합니까?

성령의 아홉 가지 열매 중에서 일곱 번째 '충성'이라는 주제를 다루어 보겠습니다. 어떤 면에서 충성은 분주하거나 긴요한 여러 일들 때문에 자주 잊기 쉬운 주제일 것입니다.

우리는 때가 되어 죽으면 모든 것이 끝인 존재가 아니라 하나님 앞에 서서 삶에 대해 평가받고 심판받는 순간을 반드시 거치게 됩니다. 아무도 예외가 없습니다.

믿는 이는 믿는 대로 하나님의 심판대 앞에 서서 상과 수고에 대한 하나님의 판단을 받을 것이고, 믿지 않는 이는 영원한 형벌에 던져지는 심판 앞에 설 것입니다. 그때 성도인 우리가 원하는 것이 무엇입니까? 주님이 우리를 보시면서 "왜 그렇게 살았니?"

하시는 것이 아니라, "참 잘했다. 너는 착하고 충성스럽게 너의 인생을 살아왔구나"(마 25:21, 23) 하시는 말씀을 그분께 듣기를 기대합니다.

하나님을 향하여, 사람을 향하여

충성은 주로 하나님의 신실하심 같은 하나님의 성품을 보이는 단어이며, 한 걸음 더 나아가 그 하나님을 믿는 성도가 삶에서 마땅히 드러내며 살아야 하는 덕목으로 성도 개인의 신실성을 일컫는 말로 보면 됩니다. 한 사람이 성도로서 하나님을 향하여, 또한 다른 사람들을 향하여 나타내는 신실함을 말하는 것입니다.

충성은 성도의 삶에 나타나는 중요한 특성, 성품으로서 언제나 믿을 수 있는 사람의 특징이라 할 수 있습니다. 누군가를 바라보며 '충성스럽다'고 할 때 우리는 그 단어 안에 포함된 두 가지 정도의 연관된 특성을 생각할 수 있습니다.

먼저, 충성스럽다 함은 믿을 만하여 의지할 수 있음을 뜻합니다. 정직하고 성실하여 신뢰할 만하고, 약속을 지키며, 약속한 바를 행하며, 거짓말을 하거나 속이지 않을 것을 믿을 수 있는 우직함과 충성, 용기를 가리킵니다. 이런 충성스러움은 오랜 기간에 걸쳐 믿을 만한 행동으로 생기는 것이기도 합니다.

충성스러운 사람은 자신이 신뢰할 만하다는 사실을 입증한 사람입니다. 여러 시기와 상황을 다 초월해서 신실함을 반복해서 드러낼 때, 지난주에 잘했지만 이번 주에는 실망하게 할지 모른다는 걱정을 할 필요가 없을 때 '충성스럽다'고 합니다. 결코 기회주의적이거나 자기 마음이 내킬 때만 잘하거나 좋은 시절에만 친구가 되는 사람이 아닙니다. 고난이 있을 때든지, 사람에게 배반당하고 버림받았을 때든지, 삶의 모든 환경에서 다양한 방식으로 언제나 변함없이 하나님과 사람을 향해서 믿을 만한 모습을 보여 주는 사람이 충성스러운 사람입니다.

구약의 신실하신 하나님

충성은 신구약 성경에서 가장 대표적인 하나님의 성품 중 하나입니다. 사람인 우리가 감히 하나님을 향해서 '충성스러우시다'라고 표현하는 것이 약간은 불경스러운 느낌이 있어서 사용하기가 두려운 부분이 없는 것은 아니지만, 하나님은 우리와의 관계에 충성스러우신 분입니다. 하나님은 변덕스럽지 않으십니다. 즉, 우리를 보시면서 "네가 그렇게 할 줄 몰랐다. 너는 안 되겠다"라고 말씀하지 않으신다는 것입니다. 하나님은 우리를 향해 맺으신 관계에 평생토록 진실하시고 참되십니다.

시편 기자들이 하나님을 가리켜서 가장 많이 드는 비유 중 하나는 '나의 반석이신 하나님'입니다. 세월이 흐르고 흘러서 수많은 것이 달라지는 세상에서 반석이신 주님은 변함없이 그곳에 계시고, 신실하십니다.

그분의 백성을 향해서 주신 마음을 거두시는 법이 없이 충성스러우시고 신실하셔서 믿을 만한 분이라는 것이 구약 성경이 거듭 강조하는 하나님의 성품 중 하나입니다.

> 그런즉 너는 알라 오직 네 하나님 여호와는 하나님이시요 신실하신 하나님이시라 그를 사랑하고 그의 계명을 지키는 자에게는 천 대까지 그의 언약을 이행하시며 인애를 베푸시되 신 7:9

이스라엘 백성은 하나님의 이 신실하심에 대해 계속 찬양했습니다. 하나님이 수백 년 동안 그들의 역사를 통해 증명하셨기 때문입니다. 하나님이 이스라엘 백성에게 하신 모든 약속을 다 지키셨기에 그들은 하나님이 믿을 수 있는 분이시며 신실한 분이심을 아는 것입니다.

구약의 소선지서와 대선지서를 읽다 보면 알 수 있듯이, 하나님은 백성을 더 이상 그냥 두고 보실 수 없어 심판을 명하시면서도 거듭 선지자들을 보내 돌이킬 것을 촉구하셨습니다. 그래서 이스라엘 백성은 자신의 죄에 대한 하나님의 심판으로 고통을 당할 때도 다시 돌아가 하나님의 이 속성에 호소하며 회복의 약속을 신실하게 지켜 주실 것을 간구했습니다. '하나님이 나를 버리셨구나', '하나님이 이제 더 이상 우리를 백성으로 여기지 않으시는구나' 하고 절망하지 않았습니다. 고통을 경험하는 순간에도 하나님 외에는 피할 길이 없는 줄 알고 반석이신 하나님을 꼭 붙들고 그분의 신실하심을 의지했습니다.

예레미야애가 3장 22-23절은 하나님의 신실하심과 성실하심에 대한 고백을 담고 있습니다. 이스라엘 역사에서 가장 끔찍한 순간, 즉 예루살렘이 불타고 성전이 파괴되고 사람들이 포로로 잡혀가던 때에 기록된 고백입니다.

> 여호와의 인자와 궁휼이 무궁하시므로 우리가 진멸되지 아니함이니이다 이것들이 아침마다 새로우니 주의 성실하심이 크시도소이다 애 3:22-23

그들은 자신들의 신실하지 못한 결과 때문에 처참한 상황에 처하고 고통을 당하면서도 하나님의 영원한 신실하심을 주장한 것입니다. 죄와 고통으로 소망과 믿음이 산산이 부서진 것처럼 보일 때도 우리는 하나님을 신뢰할 수 있습니다.

바로 이것이 구약의 선지서가 전하는 메시지입니다.

혹 인생에 큰 아픔과 풍랑을 만나 '하나님이 나를 버리셨는가? 하나님이 이제 더 이상 나를 사랑하지 않기로 결심하셨는가? 하나님이 나에게는 더 이상 관심이 없으신가?' 하고 낙심한 분이 있습니까? 그 자리에서부터 세움을 받고 새로운 용기와 힘을 얻을 수 있는 길은 하나밖에 없습니다. 신실하셔서 변함없으신 하나님을 의지하고, 하나님을 붙들고, 하나님 한 분께 충성스럽게 반응하는 것입니다. 그 외에는 피할 길이 없습니다.

결코 자기 연민에 빠지거나 하나님을 신뢰하는 일에 실패하지 마십시오. 우리의 삶이 어떤 과정을 거쳐 가는 순간에도 하나님을 신뢰하는 일에 변함없이 충성스럽게 반응하는 일을 해야 합니다.

신약의 미쁘신 예수 그리스도

바울은 예수님의 삶과 죽음, 부활을 통해 훨씬 더 온전히 드러나고 증명된 하나님의 신실하심을 자주 상기시켰습니다. 하나님은 미쁘시고 신뢰할 만한 분이십니다.

구약에서 하나님을 '신실하시다'라고 표현했다면 신약에서는 '미쁘시다'라는 단어를 사용해 표현합니다. 이 땅에 사람의 몸을 입고 오시고 우리의 죄 짐을 대신 지고 십자가에 달려 돌아가시고 부활하시고 승천하셔서 성령님을 선물로 보내셨기 때문에 우리의 눈이 더 밝아졌습니다. 진리와 계시가 더 선명하게 깨달아지는 신약 시대에 기록된 성경은 얼마나 많은 본문에서 '미쁘시다'라는 표현을 사용하는지 모릅니다.

'미쁘시다'란 말은 하나님은 믿을 만하시고 우리를 향한 충성을 거두시는 법이 없는 신실하고 신뢰할 만한 분이시라는 의미를 담고 있습니다.

> 너희를 불러 그의 아들 예수 그리스도 우리 주와 더불어 교제하게 하시는 하나님은 미쁘시도다 고전 1:9

> 하나님은 미쁘시니라 우리가 너희에게 한 말은 예 하고 아니라 함이 없노라 고후 1:18

바울은 "너희를 부르시는 이는 미쁘시니 그가 또한 이루시리라"(살전 5:24)라고 말하는데, 하나님이 신실하신 분이기에 약속을 틀림없이 이루실 것이라는 뜻입니다. 잠시 어긋나는 길을 가는 것 같고, 잠깐 우리가 생각하는 방법이 아닐 수는 있습니다. 하지만 하나님은 약속을 반드시 이루시는 미쁘신 분이라는 사실을 기억하라는 것입니다.

디모데후서 2장 13절은 또한 이렇게 말합니다.

우리는 미쁨이 없을지라도 주는 항상 미쁘시니 자기를 부인하실 수 없으시리라 딤후 2:13

우리는 미쁘지 못한 존재입니다. 본성이 변덕스럽고, 이런저런 이유를 대면서 쉽게 약속을 깨뜨리고, 사람과 하나님 앞에서 충성스럽지 못한 어리석은 자들입니다. 성령님이 우리를 돕지 않으시면 충성스러움은 우리의 성품과 관계가 없습니다. 그러나 우리에게는 미쁨이 없을지라도 주님은 항상 미쁘셔서 그 신실하시고 충성스러우심에 변화가 없으십니다.

또 약속하신 이는 미쁘시니 우리가 믿는 도리의 소망을 움직이지 말며 굳게 잡고 히 10:23

요한일서는 우리에게 이렇게 말해 줍니다.

만일 우리가 우리 죄를 자백하면 그는 미쁘시고 의로우사 우리 죄를 사하시며 우리를 모든 불의에서 깨끗하게 하실 것이요 요일 1:9

아들 하나님이 우리의 죄를 대신해 죽으셨기 때문에 우리가 죄를 자백하고 하나님의 도우심을 구할 때 모든 죄를 씻으시고 정결하고 거룩하게 하시는 하나님의 은혜가 우리에게 적용된다는 말씀입니다.

그러면 하나님의 백성은 신뢰할 만한 사람들일까요? 안타깝게도 그렇지 못한 경우가 많습니다. 구약 이스라엘의 이야기에서 잘 아는 것처럼 이스라엘 백성은 반복적으로 하나님께 신실하지 못했습니다. 호세아 선지자는 이런 이스라엘의 모습을 결혼에서의 부정에 비유했습니다. 부부 사이에서의 부정은 말할 수 없는 배신감과 고통을 야기합니다. 이것은 하나님이 이스라엘에 느끼시는 감정입니다.

신약의 성도들과 교회 역시 마찬가지라 할 수 있습니다. 그러나 백성들의 실패와 신실하지 못함에도 불구하고 '자기 백성에 대해 신실하신 하나님'은 성경과 교회사 전체를 관통하는 주제라 할 수 있습니다.

신실하신 하나님을 신뢰한 아브라함

하나님은 신실하신 분이셔서 우리가 하나님을 신뢰하기를, 하나님을 믿기를, 하나님을 의지하기를 가장 기뻐하십니다.

로마서 4장에서 바울은 아브라함 이야기를 합니다.

아브라함이 바랄 수 없는 중에 바라고 믿었으니 이는 네 후손이 이 같으리라 하신 말씀대로 많은 민족의 조상이 되게 하려 하심이라 롬 4:18

아브라함의 눈에는 자기 몸으로 아이를 얻는 것은 불가능해 보였습니다. 그럼에도 그는 "믿음이 없어 하나님의 약속을 의심하지 않고 믿음으로 견고하여져서 하나님께 영광을 돌리며 약속하신 그것을 또한 능히 이루실 줄을 확신"(롬 4:20-21)했습니다. 하나님은 이 아브라함을 통해 영광을 받으셨습니다.

부족하고 모자라고 허물투성이에다 자주 넘어지는 어리석은 자를 통해서 하나님이 영광을 받으셨다고 할 때 주로 무슨 생각이 듭니까? 대개는 그가 세상이 깜짝 놀랄 만한 위대한 업적을 남겼을 것이라고 생각합니다.

그러나 하나님의 기준은 다르십니다. 우리 삶의 자리에서 신실하시고 미쁘신 하나님을 믿고 의지할 때 하나님이 영광을 받으십니다. 우리의 본성을 따라 하나님을 의심하거나, 하나님을 비난하거나, 하나님을 믿지 않겠다고 말하거나, 자기 연민과 세상의 가치로 모든 것을 바라보면서 평가하고 판단하려고 들지 않고, 그 아픈 순간에도 하나님을 충성스럽고 참되게 인정하고 신뢰할 때 하나님이 영광을 받으십니다. 이것이 로마서 4장이 말하는 바입니다.

신실하시고 미쁘신 하나님을 대하는 성도들의 바른 삶의 방식은 모든 일에 하나님을 인정하고 하나님을 믿음으로 의지하며 사는 것입니다. 그것이 하나님을 기쁘시게 하고 영화롭게 하는 일입니다.

누구나 세상을 살면서 한 번씩 다 해석할 수 없는 삶의 자리를 만납니다. '도대체 어떻게 이런 일이 일어날 수 있을까?' 하는 삶의 자리를 만날 때 어떻게 합니까? 그럴 때 하나님의 신실하심과 미쁘심을 붙들어 요동하지 않고 하나님을 믿음으로 하나님을 영화롭게 하고, 변함없는 충성스러움을 가지고 그분을 바라보고 대합니까? 아니면 자기 연민에 빠져서 끝없이 신세를 한탄하고 남들과 비교하면서 '저 사람과 내가 도대체 뭐가 다르며, 저 사람보다 내가 못한 게 뭔가?' 하면서 자기 자신을 더 어리석은 자리로 몰아갑니까?

어떤 경험 속에서도 하나님을 향한 마음에 변화가 없고, 나를 넘어뜨리고 상하게 만든 사람들을 원망하고 저주하기보다 그들이 어떻게 대했을지라도 변함없이 충성스럽게 사람들을 대하는 것이 성도 된 우리의 삶의 방식입니다.

하나님의 온 집에 충성한 모세

히브리서 11장에는 충성스럽게 한 생을 살았던 신실함의 모범 같은 무리의 목록이 나옵니다. 그중에 특히 모세의 충성스러움은 대단했습니다. 모세에 대해서 하나님은 "그는 내 온 집에 충성함이라"라고 말씀하셨습니다.

> 내 말을 들으라 너희 중에 선지자가 있으면 나 여호와가 환상으로 나를 그에게 알리기도 하고 꿈으로 그와 말하기도 하거니와 내 종 모세와는 그렇지 아니하니 그는 내 온 집에 충성함이라
>
> 민 12:6-7

하나님은 모세를 가리켜 '충성스러운 자'라고 부르십니다. 모세는 하나님의 부르심을 따라 이스라엘 백성을 섬기면서 많은 고난을 통과했습니다. 지도자로서 모세는 온갖 문제를 대처해야 했습니다. 이스라엘 백성은 먹고 마시는 문제가 조금만 기대처럼 되지 않으면 불평하고 원망했습니다. 식량 문제(민 11장), 성령의 은사에 관한 문제(민 11:24-30), 모세의 결혼에 대한 가족 내부의 비판(민 12장), 가나안 정탐꾼들의 보고와 사기 저하(민 13장), 백성 전체의 불평과 반역(민 14:1-9), 살해 위협(민 14:10), 핵심 부족 지도자들의 반란(민 16장) 등 어려운 문제가 끊이지 않았습니다.

그러나 이처럼 계속되는 위기 속에서도 모세는 하나님이 주신 책무를 신실하게 감당했습니다. 자기중심적인 투기심과 질투심을 다 내려놓고, 하나님과 그 백성에게 제일 좋은 선택을 하면서 부르심을 감당했습니다.

모세는 결코 자신의 제국을 건설하려는 야심이 없었으며 하나님과 백성을 섬기는 것이 그의 중심이었습니다. 이런 점에서 모세는 참으로 충성스러운 사람이었습니다. 40년을 신실하게 하나님께 순종하며, 배은망덕한 백성을 신실하게 이끌던 충성스러운 사람입니다.

모세는 너무나 패역한 시대, 수많은 사람이 자기의 충성스러움을 말하고 하나님과 사람 앞에 자기 논리를 가지고 아무렇게나 배반하던 어리석고 악한 시대, 제한된 계시를 가지고 있던 구약 시대를 살아간 사람이었습니다.

그럼에도 불구하고 더 많은 진리를 깨닫게 하시는 신약 시대의 우리와 비교할 수 없을 만큼 충성스럽고 신실한 모습을 하나님 앞에 보였습니다.

주님은 우리에게 바라십니다. 육체를 따라 모태에서부터 죄 중에 태어난 우리가, 변덕스럽고 끝없이 배반하고 상처받았다면서 누군가를 비판하고 정죄하기를 좋아하는 악한 본성을 거스르기를 바라십니다.

하나님 한 분께 마음을 드리는 충성을 평생 변함없이 올려 드리고, 그 하나님 앞에 충성하기 때문에 사람들을 대할 때 내 방식이나 내 기준, 세상이 말하는 방식으로 하지 않고 하나님이 나를 대하신 방식처럼 변함없는 신실함을 갖고 대하는 성도들이 되기를 바라십니다.

우리 안에 있는 어떤 본성이나 자질을 말씀하시는 것이 아닙니다. 은혜의 성령이 우리 속에 내주하시고 우리가 하늘 아버지를 사랑하기 때문에, 그분을 닮아 가는 바뀜과 다름이 우리의 삶에 묻어 나기를 하나님은 원하시는 것입니다.

우리 주님은 모세가 충성스러웠던 것보다 더 충성스럽게 하나님을 섬기셨습니다. 성부의 뜻을 행하셨으며, 주어진 일을 마치셨습니다. 생의 마지막 순간까지 아버지께서 맡기신 일을 충성스럽게 이루셨습니다(요 17:4).

그러므로 함께 하늘의 부르심을 받은 거룩한 형제들아 우리가 믿는 도리의 사도이시며 대제사장이신 예수를 깊이 생각하라 그는 자기를 세우신 이에게 신실하시기를 모세가 하나님의 온 집에서 한 것과 같이 하셨으니 그는 모세보다 더욱 영광을 받을 만한 것이 마치 집 지은 자가 그 집보다 더욱 존귀함 같으니라 집마다 지은 이가 있으니 만물을 지으신 이는 하나님이시라 또한 모세는 장래에 말할 것을 증언하기 위하여 하나님의 온 집에서 종으로서 신실하였고 그리스도는 하나님의 집을 맡은 아들로서 그와 같이 하셨으니 우리가 소망의 확신과 자랑을 끝까지 굳게 잡고 있으면 우리는 그의 집이라 히 3:1-6

유월절 전에 예수께서 자기가 세상을 떠나 아버지께로 돌아가실 때가 이른 줄 아시고 세상에 있는 자기 사람들을 사랑하시되 끝까지 사랑하시니라 요 13:1

아버지께서 내게 하라고 주신 일을 내가 이루어 아버지를 이 세상에서 영화롭게 하였사오니 아버지여 창세 전에 내가 아버지와 함께 가졌던 영화로써 지금도 아버지와 함께 나를 영화롭게 하옵소서 요 17:4-5

평생을 드리는 신실한 헌신

충성은 장기적이고 꾸준하며 믿을 만하며 평생에 걸친 헌신을 포함합니다. 그런 의미에서 충성은 하나님의 사랑을 깨닫는 데서부터 시작되고, 한결같은 주님의 은혜에 대한 감사에 의해 유지되고 발전되며, 마음을 다하고 온 삶을 드리는 헌신을 통해 우리 삶에 드러납니다. 어떤 공을 세워서 마지막 날에 하나님 앞에 섰을 때 잘했다고 칭찬받고 싶어서가 아닙니다. 하나님이 우리를 어떻게 사랑하시는지를 깨달았기에 충성하는 것입니다.

우리의 삶에 반복해서 임하는 은혜에 대한 감격이 충성을 지속하게 하고, 마침내 자기를 이상화하는 환상을 깨뜨리고 우리의 주인이요 구세주이신 주님께 평생을 드리는 신실한 헌신이 가능해집니다. 바로 이것이 충성의 핵심입니다.

그런 면에서 우리의 삶을 돌아봅시다. 예수님은 우리를 부르실 때 세상처럼 이런 자격, 저런 조건 등을 요구하지 않으셨습니다. 그분은 우리를 부르실 때 이렇게 부르십니다.

> 누구든지 나를 따라오려거든 자기를 부인하고 자기 십자가를 지고 나를 따를 것이니라 마 16:24

예수님을 믿으면서 얼마나 자아를 깨뜨리고 있는지 살펴보십시오. '주님, 저는 다른 어떤 것보다도 제 자신이 주님을 따르는 충성스러운 발걸음에 걸림돌입니다.' 자기를 부인하는 이런 관점으로 자신을 본 적이 있습니까? 사랑하는 여러분, 우리의 삶에 주님을 **빼놓고**, 주님이 아닌 다른 어떤 것도 어느 사람도 어떤 상황도 자리를 차지하고 있는 것이 없도록 해야 합니다.

충성스럽다는 것은 두 주인을 모시지 않는 것입니다. 하나님이 주신 귀한 선물들이 우리 삶에 하나님보다 더 중요한 자리에 있지는 않은지 보십시오. 조국 사회는 얼마나 많은 사람이 '자식', '자식' 하면서 사는지 모릅니다. 하나님이 주신 선물인 자녀가 하나님보다 더 우선 자리에 있지는 않습니까?

돈에 관하여

이 시대를 넘어뜨리는 핵심 주제인 돈을 어떻게 쓰고 있는지도 한번 살펴 보십시오. 많은 사람이 돈을 자기의 것으로 생각합니다. 그러나 돈은 우리의 소유가 아닙니다. 하나님이 우리에게 위탁하신 선물입니다. 지극히 작은 것에 충성된 자가 큰 것에도 충성됩니다.

하인이 두 주인을 섬길 수 없듯이 우리는 하나님과 재물을 겸하여 섬길 수 없습니다. 하나님을 충성스럽게 섬기는 일에 큰 적 중 하나는 맘몬입니다. 너무나도 많은 성도가, 특히 지도자들이 돈에 충성스럽지 못함으로 몰락합니다.

충성은 정직과 책임감을 요구합니다. 매사에 정직하고 투명해 책임감을 보임으로써 스스로 믿을 만한 사람이라는 것을 증명했을 때만 그 사람을 정말로 믿을 수 있습니다. 이 땅에서 한 번의 생이든, 돈이든, 신분이든, 자식이든 주님이 우리에게 맡기신 선물입니다. 우리는 청지기처럼 살아가고 있습니까? 아니면 나 자신이 하나님인 것처럼 주인인 것처럼 살아갑니까? 청지기로서 부름받은 일에, 돈과 시간과 모든 것을 사용하는 데 충성스러움이 묻어 있는지 돌아보십시오.

목회자로서 때때로 성도들의 헌금 생활을 한 번씩 보지 않을 수 없는 순간이 옵니다. 하지만 이것을 생각하면 영혼이 굉장히 불행할 때가 있습니다. 너무나 많은 성도의 헌금 생활이 무너져 있습니다. 십일조를 규칙적으로 하는 사람이 점점 줄어들고, 자기 소견에 옳은 대로 헌금 생활을 합니다.

충성스러운 사람들을 찾아보기가 너무너무 어렵습니다. 오랫동안 하나님 앞에 진실하게 믿을 만한 사람, 그의 인생 가운데 어느 시기 어느 쪽을 뜯어서 끄집어내 봐도 "참 잘했다" 할 수 있는 사람을 보기가 어려워지는 시대를 살아갑니다.

충성은 우리가 무엇을 믿는지, 무엇을 사랑하는지, 궁극적으로 무엇에 헌신하고 살아가고 있는지를 알게 합니다. 우리가 무엇을 위해 살기를 원하는지, 무엇을 위해 기꺼이 죽고자 하는지를 확인하는 것이 충성입니다.

우리도 바울처럼 생애 마지막 순간에 다 같이 이렇게 고백하기를 기대해 봅니다.

> 나는 선한 싸움을 싸우고 나의 달려갈 길을 마치고 믿음을 지켰으니 이제 후로는 나를 위하여 의의 면류관이 예비되었으므로 주 곧 의로우신 재판장이 그날에 내게 주실 것이며 내게만 아니라 주의 나타나심을 사모하는 모든 자에게도니라 딤후 4:7-8

우리는 부요가 주는 안락함과 안일함을 잃을까 걱정하고, 쉬운 길이나 넓은 길이 아닌 좁은 길로 갈까 염려합니다. 이것이 오늘을 사는 많은 사람이 지닌 삶의 자세인 것 같습니다.

그러나 다 잃어도 되니까 하나님 한 분께 충성해야 합니다. 다 없어도 되니까 사람을 신실하게 아껴 주고 소중히 여기는 사람이 되어야 합니다. 우리의 삶에 이 같은 충성의 열매가 맺히기를 하나님은 원하고 계십니다.

고린도전서 13장 7절은 사랑이란 모든 것을 믿는 것이라고 말합니다. 의심하지 않고 온순하며 모든 것을 가장 좋게 여기는 자세를 의미합니다. 아무나 신뢰하는 것은 아니나 누구든 사랑함으로 믿을 준비가 된 상태로 사는 것이 사랑하는 삶입니다. 충성스러운 사람이야말로 바르게 사랑을 행하는 사람입니다.

수많은 사람이 서로를 의심합니다. 서로를 믿지 못하고, 변덕스럽고 그래서 상처받고 상처를 줍니다. 아무도 믿으려 하지 않고 문을 걸어 잠그고 자기 한 사람만 믿습니다. 그러니까 더욱더 아무에게도 양보하지 않고 완고하고 고집스러워져 갑니다. 갈수록 딴딴해져 가는 어리석은 시대입니다.

> 사람이 마땅히 우리를 그리스도의 일꾼이요 하나님의 비밀을 맡은 자로 여길지어다 그리고 맡은 자들에게 구할 것은 충성이니라
> 고전 4:1-2

이러한 때에 하나님이 찾으시는 사람이 누구입니까? 어떤 상황에서도 하나님 한 분을 향해서 변함없는 충성을 드리는 사람입니다. 눈에 보이지 않는 하나님을 향한 신실함과 충성스러움이 옆에 있는 사랑하는 지체들을 향해 드러나는 사람입니다.

상대가 하는 대로 갚아 주거나, 내 방식으로 그를 정죄하고 비난하고 끝내는 것이 아니라, 그가 나를 어떻게 대할지라도 하나님 앞에 충성스럽고 신실하게 행동하는 사람입니다. 하나님이 나의 주인이시고 임금이시므로 다른 사람을 대하는 나의 자세도 주님께 하듯 정직하고 신뢰할 만하고 충성스럽게 섬기는 자세를 취하는 사람입니다.

"세상이 달라졌다. 사람들이 그렇게 안 산다"라고 말하면서 우리 자신의 어리석은 죄성과 실패를 늘 정당화하는 자리에 머물러 있어서는 안 됩니다. 시대가 어떻게 흐르든지 변함없이 신실하고

충성스럽게 하나님과 사람을 힘을 다해서 섬기고 사랑하기를 기대하고 축복합니다.

화종부 목사의 핵심 메시지

- 충성은 하나님과 사람을 향해 변함없이 믿을 만한 모습을 보여주는 것이다.
- 구약은 하나님의 신실하심, 신약에서는 예수님의 미쁘심으로 충성을 표현한다.
- 내 삶에 임하는 은혜에 대한 감격이 주님께 평생을 드리는 충성으로 이어진다.

10

부름받은 성도와
교회의 방식,
온유

나를 힘들게 하는 그 사람을
어떻게 대해야 합니까?

성령의 아홉 가지 열매 중에 여덟 번째 '온유'라는 열매를 다루어 보겠습니다. 우리는 모태에서부터 죄 중에 태어났고 죄를 더 좋아하는 사람으로 세상을 살아갑니다. 죄인인 우리 삶의 제일 주요한 특성은 자기중심성입니다. 모든 것을 자기중심적으로 바라보면서 해석하고 대합니다. 이것은 죄성의 마음 아픈 뿌리입니다. 이 자기중심성으로부터 두 가지 자세가 만들어집니다. 하나님을 향한 자세와 사람을 향한 자세입니다. 하나님을 향해서는 방자하고 교만하게 행합니다. 사람을 향해서는 무시하거나 잔인하게 대하거나 억울함과 분노를 가지고 보복하거나 나쁜 의도로 모함하는 일 등을 만들어 냅니다.

그렇게 살았던 우리의 삶에 예수님이 찾아오시자 변화가 일어나는데, 그중 하나가 '온유'의 열매입니다. 상대가 나에 대해 나쁘게 말하거나, 나쁜 행동을 하거나, 나를 괴롭히고 힘겹게 하는 등 해코지하는 일을 경험할 때 우리 마음속에 자동적으로 거칠게 보복하고 싶은 욕구가 치솟기 마련이지 않습니까. 그가 나에게 한 것보다 더 많은 나쁜 것을 담아서 되갚아 주고 싶은 경향이 우리 속에 있습니다.

그런데 온유란 그렇게 하지 않는 것을 의미합니다. 상대를 거칠게 되받아치면서 나를 방어하려고 하지 않습니다. 모질게 대하거나 가시 돋친 말이나 몸짓과 표정으로 되갚아 주려고 하지 않습니다. 그가 나에게 어떻게 대했든지 따뜻하게 대응하는 것이 바로 온유입니다.

우리가 살아가는 지금은 참 살 만한 세상이 되었는데도 사람들의 말이 너무 잔인하고 난폭하고 뾰족뾰족합니다. 그런 말을 들으면 아주 거칠게 되갚아 주고 싶습니다. 상대가 내게 한 것보다 더 나쁘게 말해서 꼼짝 못 하게 굴복시키고 싶습니다.

이런 경향이 죄 중에 태어난 우리 속에 있습니다. 그런 우리의 죄성에 지지 않고 하나님을 만난 사람답게 따뜻하고 겸손하게 반응하는 것이 온유입니다.

따뜻한 온유와 겸손이 흐르게 하십시오

온유 혹은 겸손이라는 열매는 예수님이 사시던 그 시절에 사람들이 본받아야 할 미덕이라고는 전혀 생각하지 않던 전형적인 모습입니다.

그 시대는 강하고 힘이 세고 지배적인 존재를 남성답다고 여겼습니다. 그래서 온유나 겸손은 전혀 미덕이 아니었고, 오히려 힘을 가지고 상대를 억누르고 지배하는 방식으로 자기의 우월함을 나타내는 것을 선호했습니다. 상대를 따뜻한 겸손으로 대하는 것은 오히려 약한 자들의 변명처럼 여겨지던 것이 그 시대의 정서였습니다.

그런 시대에 예수님이 온유한 성품을 가지고 이 땅에 오셨습니다. 당시 사람들이 조롱거리로 여기던 온유가 오늘 우리 시대에 와서는 많은 사람에게 참 귀하다고 여겨지게 된 것은 주님이 오신 이후의 결과이기도 합니다.

우리가 사는 시대 역시 예수님 시대처럼 어떤 면에서는 마초적인 남성을 원하는 부분이 여전히 있습니다. 많은 사람이 좋아하는 할리우드 영화를 보십시오. 모든 것을 정복하고 이기는 '폭력적인 착한 사람'을 주인공으로 하는 신화를 끝없이 만들어 냅니다. 과거에는 좋은 탐정, 형사, 경찰 등이 주로 묘사되었는데 요즘에는 숨겨 놓은 폭력적인 실력을 좋은 일을 위해서 쓰는 주인공이 할리

우드의 트렌드가 아닌가 생각합니다. 신화적인 초영웅이 등장하면서 다른 사람을 무시하고 날카롭고 공격적인 말로 호통치듯이 명령해서 꼼짝 못 하게 만드는 모습을 보면, 여전히 어떤 면에서 우리가 사는 이 시대에는 마초적인 남성상이 훨씬 더 정의롭고 매력적으로 보이는 경향이 흐르는 것 같습니다.

그 시대나 지금이나 하나님의 자녀인 우리의 말 또한 얼마나 거칠어졌는지 모릅니다. 이렇게 거칠고 잔인한 시대에 우리를 대하는 사람들이 어떤 말을 하든, 어떤 행동을 하든 따뜻한 말과 따뜻한 방식으로 겸손하게 대응하기를 주님은 바라십니다.

온유는 모태로부터 가지고 태어난 생래의 자질과는 관계가 없습니다. 보복하고 더 나쁘게 말하고 싶어 하는 것이 우리의 본성입니다. 그러나 절대로 그렇게 하지 않고 따뜻하고 겸손하게 사람들을 대하는 것이 온유입니다.

시대의 정신이 어떻게 흐를지라도, 우리를 거칠게 대하는 상황이 닥치더라도 성도인 우리는 전혀 다르게 반응해야 합니다. 잔인하고 악한 말을 쏟아내는 일이 우리 삶에 혹 일어나면 그것을 멈추게 하고 따뜻한 온유와 겸손이 이 땅에 흘러가도록 하는 것, 이것이 성도의 삶의 자세요 방법이어야 합니다.

구약에 나타난 온유하신 하나님

우리가 지금까지 살펴본 것처럼 성령의 아홉 가지 열매는 하나님의 성품이며 하나님으로부터 옵니다. 구약부터 신약에 이르기까지 하나님은 어떤 분이십니까? 특별히 구약에 나타난 하나님은 '온유하시다'라는 말과 약간은 거리감을 느낄 수 있습니다. 하지만 시편 기자들은 하나님의 온유하심과 선한 목자 되심을 수없이 고백했습니다.

조국 교회 성도들이 제일 좋아하는 시편 23편을 보십시오. 주님은 우리를 푸른 초장과 쉴 만한 물가로 인도하는 온유하신 분으로 묘사됩니다. 주님이 양떼를 얼마나 따뜻한 겸손으로 대하시는지를 시편 기자는 고백합니다.

신명기 1장은 이스라엘 백성이 광야의 거친 길을 통과할 때 하나님이 어떻게 하셨는가에 대해 다음과 같이 표현하고 있습니다.

> 광야에서도 너희가 당하였거니와 사람이 자기의 아들을 안는 것 같이 너희의 하나님 여호와께서 너희가 걸어온 길에서 너희를 안으사 이곳까지 이르게 하셨느니라 하나 신 1:31

그렇게 자주 실패하고 거스르는 말을 쏟아 놓는 이스라엘 백성을 하나님은 '아들을 안는 것같이' 안아서 이곳까지 이끄셨다고 고백합니다. 또한 시편 103편 13-14절을 보면 우리 주님을 표현하기를 "아버지가 자식을 긍휼히 여김같이 여호와께서는 자기를 경외하는 자를 긍휼히 여기시나니 이는 그가 우리의 체질을 아시며 우리가 단지 먼지뿐임을 기억하심이로다"라고 합니다. 우리의 체질을 아시는 하나님이 우리를 얼마나 긍휼히 여기시며 온유하게 대하시고 인도하셨는지를 고백한 것입니다.

이사야 40장에서 이사야 선지자는 풍전등화의 위험에 처한 백성을 향해서 끝없이 돌이키기를 요청합니다. 그러나 죄짓는 길을 거듭 반복해서 가는 그들에게 하나님의 온유하심을 이야기해 줍니다.

> 그는 목자같이 양 떼를 먹이시며 어린양을 그 팔로 모아 품에 안으시며 젖먹이는 암컷들을 온순히 인도하시리로다 사 40:11

이스라엘은 거듭 죄를 짓는데 하나님은 그들을 아기에게 젖먹이는 암컷들을 인도하듯 이끌어 가시는 온유한 분이시라는 것입니다. 이처럼 구약 성경은 곳곳에서 하나님의 온유하심을 고백합니다. 엘리야는 갈멜산에서 바알 선지자들을 대상으로 영웅적인 승리를 경험했습니다.

엘리야는 역사상 가장 위대하고 탁월한 승부에 해당하는 그 승리를 거두고도 이세벨의 서슬 퍼런 분노를 직면하자 깊이 절망합니다. 언약 백성이 주님께로 돌아오고 하나님의 통치가 회복되는 영광을 기대했는데 그런 일은 일어나지 않고 이세벨의 보복에 대한 저주를 맞닥뜨리자 엘리야는 깊이 좌절했습니다.

"하나님, 차라리 죽는 것이 더 낫겠습니다. 더는 살고 싶지 않습니다."

이 같은 깊은 절망에 빠져 있을 때 하나님은 엘리야를 꾸짖으시거나 그의 허물을 들추어 내지 않으시고, 피로와 좌절과 아픔을 회복하도록 잘 쉬고 먹고 자게 하셨습니다. 충분한 시간을 두고 그를 대하셨습니다. 그리고 그를 데리고 시내산에 가서서 바람과 지진과 불 가운데는 나타나지 않으시고, 세밀한 음성으로 찾아오셨습니다. 다치고 상한 영혼에 꼭 맞는 방식인 세밀한 음성으로 찾아와 회복시키시고 다시 사명의 자리로 돌려보내시는 하나님의 온유하신 모습을 봅니다.

주님은 우리의 체질을 아십니다. 세상처럼 우리를 꾸짖으면서, 우리의 잘못을 공개적으로 들추어 내면서 비난하려 하지 않으십니다. 우리의 상한 마음과 좌절과 고통이 무엇인지를 정확하게 아시고 따뜻한 겸손으로 우리의 아픔을 받아서 회복시키시는 분입니다.

신약에서 찾은 예수님의 온유하심

신약에 와서, 우리가 사랑하는 예수님의 제일 중요한 특징을 꼽으라고 하면 머릿속에 온유하심이 바로 떠오릅니다. 그만큼 예수님 성품의 핵심 중 하나가 온유입니다. 예수님은 담대하게 진리의 말씀을 가르치셨고, 거듭되는 대적과 거스름들 앞에 굴복하지 않고 당당하게 맞서셨습니다. 그러나 예수님의 가장 대표적인 특징은 온유하심입니다.

주님은 사람들을 향해서 "수고하고 무거운 짐 진 자들아 다 내게로 오라 내가 너희를 쉬게 하리라"(마 11:28)라고 초대하십니다. 왜 주님이 사람들을 쉬게 하실 수 있습니까? 주님의 말씀을 들어 보십시오.

> 나는 마음이 온유하고 겸손하니 나의 멍에를 메고 내게 배우라 그리하면 너희 마음이 쉼을 얻으리니 마 11:29

성 어거스틴은 이 본문을 그대로 받아서 "주님, 우리가 주님 안에서 쉬기 전까지 우리의 삶에 참된 안식은 없습니다"라고 고백했습니다. 수고하고 무거운 짐을 지고 험악한 세상을 사는 동안 온유하시고 겸손하신 주님이 우리를 초대하십니다. 그 온유하신 주님의 품에 안겨서 힘을 얻기 전에는 이 땅에 참된 안식은 없습니다. 오직 온유하신 주님의 품에 안길 때에만 우리는 참된 쉼과 안식을 얻을 수 있습니다.

주님이 이 땅에 오셨을 때 유대의 종교 지도자들은 주님이 우리에게 선물로 주셨던 율법의 말씀에 많은 것을 더했습니다. 백성이 질 수 없는 무거운 짐으로 율법을 변질시켰습니다. 우리는 역사 안에서 하나님의 말씀에 대한 오해가 기독교를 얼마나 잔인하고 무자비한 종교로 변질시켰는지를 자주 보게 됩니다.

조국 교회도 어떤 면에서 소수가 아닙니다. 잘못하면 성경의 방법이 아니라 다수의 힘을 가지고 상대를 제압해서 원하는 일을 행사하려는 모습이 기독교인 것처럼 보이는 위험이 따를 수 있다는 사실을 늘 기억해야 합니다. 중세 교회사에서 보듯 교회가 세상의 방식으로 힘을 갖게 될 때 교회는 타락하고 세상은 가장 어두운 시대가 됩니다.

교회의 힘은 그런 데 있지 않습니다. 상대를 윽박지르고 힘을 써서 제압해 꼼짝 못 하게 만드는 것은 교회의 힘이 아닙니다. 험한 세상에서 어떤 사람들의 말이나 행실을 되갚아 주려고 하지 않고, 자기를 보호하거나 옹호하지 않고, 사람들의 어떤 행실이나 말에도 따뜻한 겸손으로 대하는 것이 온유입니다. 상대가 억지로라도 일을 하게 만들고 명령하는 것은 교회의 방식이 아닙니다.

교회는 종이 되어 희생하고 사랑하도록 부름을 받았습니다. 힘으로 상대를 굴복시키는 것은 세상의 방식입니다. 성도 된 우리는 사람을 존귀하게 여깁니다. 되갚아 주려고 하지 않고, 세상의 방식으로 보호하려고 하지 않습니다. 주님이 가르치신 겸손과 자기 부정과 희생으로 이 땅을 살아갑니다. 이것이 하나님의 백성으로 부름받은 성도와 교회가 살아가는 삶의 방식입니다.

이 땅에 오신 예수님은 사람들이 무시하고 거들떠보지도 않고 사람대접도 하지 않던 무리를 향해 마음을 열고 받아 내셨고 그들을 위해 시간을 들이셨습니다. 아이들이 주님을 따라올 때 제자들은 막아섰지만, 주님은 아이들을 기쁘게 받으시고 그들을 위해 시간을 내어 주기를 아까워하지 않으셨습니다.

예수님의 온유하심으로 변화된 사람들

그 시대에 잃어버린 자 중 한 사람이던 여성은 주님의 관심 중 하나였습니다. 사마리아 우물가의 여인은 다섯 번이나 결혼에 실패했습니다. 지금의 남자는 결혼이라는 과정을 거치지 못하고 그냥 같이 사는 남자였던 것 같습니다. 주님은 이 여인의 과거를 짚어 내면서 정죄하고 비난하거나 비판하지 않으셨습니다. 단지 그 영혼의 깊은 곳에 있는 목마름을 이야기하셨습니다.

이 물을 마시는 자마다 다시 목마르려니와 내가 주는 물을 마시는 자는 영원히 목마르지 아니하리니 내가 주는 물은 그 속에서 영생하도록 솟아나는 샘물이 되리라 요 4:13-14

어떤 면에서 사람들은 그 여인을 참 모질게 대했던 것 같습니다. 아무도 물 길으러 오지 않는 뙤약볕이 내리쪼이는 시간에 물을 길으러 온 것을 보면 알 수 있습니다. 사람들이 얼마나 입방아를 찧어 대며 여인의 과거를 들추어서 비판하기를 좋아했던지 가장 한적한 시간에 물을 길으러 온 것입니다.

그 시대에 이혼은 남성의 특권이었습니다. 여성들은 이혼을 주장하거나 요구할 수 없었고 남자가 하자면 이혼당하고마는 시대였습니다. 여인이 어떤 과정을 거쳤는지 우리는 자세히 추측할 수 없습니다. 다만 따뜻한 마음으로 아픔과 상함을 만지시고, 영과 진리로 드리는 예배로 그 여인을 하나님 품에 이끌어 가시는 주님의 온유하심을 볼 수 있습니다.

주님이 만나신 여인 중에서 사마리아 여인보다 사람들이 더 천시했던 사람은 수로보니게 여인이었을 것입니다. 이방인으로서 귀신 들린 아이를 둔 여인입니다. 요즘도 장애를 겪는 이들을 편견 가득한 눈으로 바라보는 것이 여전한데 당시는 어땠겠습니까.

수로보니게 여인이 주님의 소문을 듣고 주님께 와서 자기 딸을 고쳐 달라고 요청했을 때 그녀는 "자녀의 떡을 취하여 개들에게 던짐이 마땅하지 아니하니라"(마 15:26; 막 7:27)라는 대답을 들었습니다.

처음 예수님을 믿었을 때 저는 이 말씀이 굉장히 충격적이었습니다. 제가 알던 주님이 아니신 것 같았습니다. 주님은 따뜻함과 온유함을 가지고 계신 분이라고 생각했는데, 수로보니게 여인에게 하신 말은 그렇게 느껴지지 않았습니다.

더욱 놀라운 점은, 여인이 주님의 말씀에 넘어져 낙심하지 않고 행간을 읽어 낸 부분입니다. 여인은 "그렇습니다. 저는 주님의 일차적인 관심의 대상인 유대인이 아닙니다"라고 답변했습니다. 주님이 살아 계신 사역의 기간은 일차적으로 유대인을 위한 기간이었습니다. 이방인은 제자들에게 맡겨진 사역이었습니다. 주님의 주된 사역의 대상이 이방인이 아닌 유대인이라는 사실을 알고 있던 여인은 이렇게 반응했습니다.

> 주여 옳소이다마는 개들도 제 주인의 상에서 떨어지는 부스러기를 먹나이다 마 15:27

"이방인인 저는 주님의 일차적인 관심의 대상은 아니지만, 그렇다고 해서 유대인들에게 행하시는 주님의 모든 은택이 저에게 적용되지 않을 이유가 무엇입니까. 유대인들을 통해서 이방인들을 부르시는 주님의 그 은혜가 지금 저에게 적용되는 것이 합당하지 않습니까"라고 한 것입니다. 결국 여인은 모든 낙심과 절망을 이겨 내 하나님의 크신 은혜와 온유하신 주님의 은택을 경험하게 됩니다.

오늘 우리 시대 믿음에서 제일 모자라는 부분이 이런 영역인 것 같습니다. 그 여인에게서 발견하는, 행간을 읽어 내는 것입니다. "주님, 실망했습니다. 주님이 그러실 줄 몰랐습니다. 세상이 다 저를 왜곡된 눈으로 바라볼 때 근근이 버텼습니다. 그런데 이제 주님마저 그렇게 말씀하십니까?" 하고 돌아서지 않고, 주님이 말씀하신 행간을 읽어 내면서 믿음을 사용해 들어가야 할 본론에 딱 알맞게 들어가는 모습이 우리 시대 성도들에게 찾아보기 어렵습니다.

우리는 너무 쉽게 내 방식으로 해석하고, 너무 쉽게 내 방식으로 결론을 내립니다. 주님더러 우리 논리 속으로 들어오시도록 요구하는 어리석은 일을 반복하는 모습을 많이 보입니다. 주님은 하나님이시고 우리는 인생입니다. 우리가 주님을 인정하는 것이 합당한데, 우리는 왜 그런 자리는 온갖 말을 해도 다 정당한 것처럼 생각하고 행동하는지 모르겠습니다. 그런 자리에서까지 행간을 읽어 내면서 주님의 온유하심을 깊이 경험하고 하나님의 은택이 이방인에게까지 공적으로 드러나고 임하는 영광을 우리도 알아야 하지 않겠습니까.

주님의 온유하심의 절정은 십자가라고 보면 틀림없을 것입니다. 주님은 검과 몽치를 가지고 당신을 잡으러 온 군인들에게 체포되셨고, 유대인의 법정에서 로마인의 법정으로 여러 번 옮겨 다니면서 재판을 받으셨고, 온갖 모욕과 거짓 송사를 당하셨습니다. 그때 주님은 한 말씀도 되갚아 주려고 하지 않으셨습니다. 오직 "네가 유대인의 왕이냐?"라는 질문에만 사람들의 영혼을 위해 대답하셨을 뿐, 무수한 송사와 거짓된 정죄 앞에서 한 마디도 대꾸하지 않고 다 당하셨습니다.

많은 사람이 억울하게 욕 듣는 것을 못 견뎌 합니다. 그러나 주님도 늘 당하셨던 일임을 기억하십시오. 그리스도인으로 억울하게 고난받고 욕 듣는 것을 이상하게 여기면 안 됩니다. 때로는 당하고 지나가야 하는 아픔이 있습니다. "왜 내가 그런 대접을 받아야 되나!"라고 말하지 마십시오. 주님을 그렇게 대했던 세상을 살아가고 있기 때문입니다. 아무것도 잘못하지 않았는데도 비난을 받을 수 있습니다. 억울한 마음에 나쁘고 거칠게 말하거나 대하고 싶은 순간이 와도 주님을 생각하면서 그냥 지나가십시오. 하나님이 하실 것입니다. 사람들이 예수님도 그렇게 대했는데 우리를 그렇게 대한다고 해서 이상한 일이겠습니까. 억울해하지 말고 잘 받아 내고 지나가야 합니다. 예수님도 그렇게 세상을 사셨습니다. 왜 우리가 예외가 되기를 기대합니까?

> 그는 죄를 범하지 아니하시고 그 입에 거짓도 없으시며 욕을 당하시되 맞대어 욕하지 아니하시고 고난을 당하시되 위협하지 아니하시고 오직 공의로 심판하시는 이에게 부탁하시며 벧전 2:22-23

주님은 완전히 무너진 베드로를 살려 내셨습니다. 주님이 마지막으로 예루살렘에 올라가실 때 "누가 오른편에 앉아야 하나? 누가 왼편에 앉아야 하나?"라는 문제로 제자들이 다투었습니다. 이때 베드로는 목소리를 제일 크게 높인 이들 중 하나였을 것입니다. 아마도 '예수님의 오른편은 당연히 내 자리지. 누가 그 자리에 앉아야 합당하나?'라고 생각했을 것입니다.

그런 베드로에게 주님이 보이신 마지막 모습은 처참한 죄수였습니다. 십자가에 달려 돌아가시는 예수님의 모습은 베드로의 영혼에 난 큰 상처였을 것입니다. 게다가 나머지 제자들이 다 도망갔을 때 그는 대제사장의 집 뜰에까지 따라갔다가 세 번이나 예수님을 부인했습니다. 그 순간 베드로는 완전히 무너져 이제 어디에도 소망이 없다고 생각했습니다.

예수님께 실망하고 자기에게 실망하면서 완전히 무너졌을 베드로를 부활하신 주님이 찾아가셨습니다. 주님은 그의 허물을 공개적으로 들추어 망신을 주지 않으시고 "네가 나를 사랑하느냐?"라는 세 번의 질문을 던지셨습니다. 그가 세 번 부인한 것처럼 예수님도 세 번의 질문을 하셨습니다.

베드로의 무수한 실패와 무수한 어리석음과 무수한 한계에도 불구하고 여전히 마음 중심에 당신을 향한 사랑이 묻어 있는지를 물으셨고, 베드로로부터 사랑한다는 고백을 받으셨습니다. 그렇게 주님은 따뜻하고 온유한 마음으로 실패한 베드로를 회복시켜 내셨습니다.

세상은 우리에게 "여기서 실패하면 다 잃는 것이다. 여기서 무너지면 전부 잃는 것이다. 그러니 지지 말고 끝까지 악착같이 이겨라"라고 얼마나 자주 이야기합니까. 그러나 주님은 그렇게 말씀하시지 않습니다. 다 무너져 바닥이 드러났는데 쓸모없다면서 내팽개치지 않으십니다. 그만큼 깊은 곳에 빠졌기 때문에 거듭 사랑하시고, 온유한 마음으로 받아 주시고, 좌절하고 낙심하고 무너져 있지 않도록 살려 내십니다. 우리가 사도행전의 베드로가 되도록 우리 역시 회복시켜 내시는 것입니다.

주님의 온유한 성품과 성령님의 오심이 없었으면 우리가 아는 사도행전의 베드로는 없었을 것입니다. 실패하고 저주하면서 예수님을 모른다는 맹세까지 쏟아 놓았지만 주님이 그를 거칠게 맞받아치지 않으시고 따뜻한 중심으로 대하시자 베드로의 마음이 다 회복된 것입니다.

바울이든 베드로든 주님 앞에 많은 허물을 보이고 실패한 자들이지만, 그들은 하나같이 주님을 경험한 후 온유한 하나님의 사람이 되어 곳곳에서 온유를 권면합니다. 그를 그 되도록 살려 놓으신 하나님의 온유하심으로 우리를 권면합니다.

나 바울은 이제 그리스도의 온유와 관용으로 친히 너희를 권하고 고후 10:1

주의 종은 마땅히 다투지 아니하고 모든 사람에 대하여 온유하며 가르치기를 잘하며 참으며 거역하는 자를 온유함으로 훈계할지니 혹 하나님이 그들에게 회개함을 주사 진리를 알게 하실까 하며 딤후 2:24-25

아무도 비방하지 말며 다투지 말며 관용하며 범사에 온유함을 모든 사람에게 나타낼 것을 기억하게 하라 딛 3:2

형제들아 사람이 만일 무슨 범죄한 일이 드러나거든 신령한 너희는 온유한 심령으로 그러한 자를 바로잡고 너 자신을 살펴보아 너도 시험을 받을까 두려워하라 갈 6:1

너희 마음에 그리스도를 주로 삼아 거룩하게 하고 너희 속에 있는 소망에 관한 이유를 묻는 자에게는 대답할 것을 항상 준비하되 온유와 두려움으로 하고 벧전 3:15

온유한 자는 땅을 기업으로 얻을 것이요

온유한 삶을 살아가기를 자꾸 포기하고 내려놓는 이유가 무엇입니까? '그렇게 살다가 남 좋은 일만 실컷 하고 이용만 당하고 나는 아무것도 안 될 것이다'라는 생각 때문입니다. 우리가 귀한 말씀을 거듭 상고하면서도, 세상이 나쁜 말과 행동으로 나를 공격할 때 되받아치고 거칠게 반응하지 않으면 안 된다고 생각하는 것은 어리석은 모습입니다.

그런데 산상설교에서 주님은 온유한 자가 땅을 기업으로 받을 것이라고 하십니다(마 5:5). 여기서는 우리가 수고 많은 세상을 믿음으로 신실하게 살다가, 주님이 오시면 새 하늘과 새 땅에서 주님과 함께 영원토록 왕 노릇 하면서 다스리는 자로 살 것이라는 의미가 담겨 있습니다. 그러나 한 걸음 더 적극적으로 생각해 봅시다. 세상의 논리처럼 힘을 가지고 상대를 꼼짝 못 하게 해야 내가 손해를 안 보고 원하는 삶을 살 수 있다고 여기는 이 세상에서, 우리가 사람들에게 온유하고 따뜻하게 반응하면 다 잃어버리고 손해만 볼 것 같지만, 너무 놀랍게도 하나님은 우리에게 땅을 주겠다고 약속하시는 것입니다.

시편 37편에서 시인은 우리에게 권면합니다.

악을 행하는 자들 때문에 불평하지 말며 불의를 행하는 자들을 시기하지 말지어다 … 잠시 후에는 악인이 없어지리니 네가 그곳을 자세히 살필지라도 없으리로다 … 그러나 온유한 자들은 땅을 차지하며 풍성한 화평으로 즐거워하리로다
… 주의 복을 받은 자들은 땅을 차지하고 주의 저주를 받은 자들은 끊어지리로다 … 여호와를 바라고 그의 도를 지키라 그리하면 네가 땅을 차지하게 하실 것이라 악인이 끊어질 때에 네가 똑똑히 보리로다 시 37:1-34

악이 이기는 것 같지만 상대가 행한 대로 거칠게 되갚아 주지 말고, 똑같은 방식으로 자신을 보호하거나 지키려고 하지 말고, 온유함으로 따뜻하게 받아 내라는 의미입니다. 어떻게 그 일이 가

능합니까? 주님이 말씀하신 산상설교 팔복에 중요한 힌트가 나옵니다. 순서를 보십시오. "심령이 가난한 자는 복이 있나니"(마 5:3)라는 말씀으로 시작합니다. 그 심령이 무엇 때문에 가난합니까? 죄를 깨닫고 하나님 앞에 아무것도 내세울 수 없는 자기를 발견하면서 심령이 깨어지고 가난해집니다.

그 심령이 깨지면 어떻게 됩니까? "애통하는 자는 복이 있나니"(마 5:4)라고 주님은 말씀하십니다. '어떻게 나처럼 악한 자가 하나님의 사랑과 은택을 받을 수 있을까?' 생각하면 생각할수록 이해되지 않는 하나님의 사랑과 은혜 때문에 많이 울게 된다는 의미입니다. 그렇게 많이 우는 자가 복이 있다고 하십니다.

성도 된 우리는 하나님 앞에 자신이 얼마나 악하고 추한지를 알고, 그 죄와 무자격함을 압니다. 그래서 사람들이 나에 대해 나쁜 말을 할 때 스스로를 보호해야겠다고 생각하지 않습니다. 사람들이 조롱하고 손가락질할 때 '그래, 내 안에 그런 부분이 있지' 하고 인정합니다.

나를 보호하고 더 심하게 되갚아 줘서 내가 그렇지 않음을 어떻게든 옹호하려고 하지 않고, 그들의 행위나 말을 귀담아듣고 마음을 열어 받아 냅니다. 자신이 하나님 앞에서 충분히 인정하고 고백했던 부분이기에 귀를 열어 듣고 그들이 어떤 행동을 하더라도 따뜻한 겸손으로 섬기고 대하는 것입니다.

세상은 거칠고 악한 말들을 쏟아냅니다. 이런 세상에 성도 된 우리의 온유함 때문에 그 나쁜 말들이 어느 지점에서 멈추기를 기대합니다. 따뜻함과 겸손으로 대응하는 우리의 귀한 온유의 열매가 이처럼 잔인하고 마음을 후벼파는 말들을 쏟아내는 어리석은 시대에 삶의 구석마다 치료와 회복의 역사를 일으키는 은혜가 있기를 기대하고 축복합니다.

화종부 목사의 핵심 메시지

- 온유는 하나님을 만난 사람답게 따뜻하고 겸손하게 반응하는 것이다.
- 우리가 온유하게 사람을 대할 때 하나님은 땅을 기업으로 주겠다고 하신다.
- 오직 온유하신 주님의 품에 안길 때에만 참된 쉼과 안식을 얻을 수 있다.

11

하나님 나라의 의의 병기, 절제

얼마나 하나님 앞에 머물러 있습니까?

성령의 아홉 가지 열매는 '사랑'이라는 첫 번째 열매를 열고 들어갔다가 '절제'라는 마지막 아홉 번째 열매로 끝맺게 됩니다. 절제는 마지막 문을 닫는 열매로서 으뜸이 되는 좋은 열매입니다.

세상에 많은 좋은 것이 있지만 절제라는 덕을 더할 때 비로소 정말 좋은 것이 됩니다. 아무리 세상에 많은 유익을 끼치는 것이라 할지라도 통제하고 다스리고 절제하지 않으면 그 좋은 것을 지속할 수가 없습니다. 그런 면에서 절제는 또 하나의 중요한 덕이라고 할 수 있겠습니다.

성령의 아홉 가지 열매를 살펴보기에 앞서 먼저 확인한 '육체의 일들'의 특징은 '절제되지 않음에서 오는 자기 집착'입니다. 절제가 적절히 더해져서 만들어지는 것이 아니라 자기에게 함몰되어서 집착하고, 성적으로 일탈을 일삼고, 교만한 마음으로 자기를 주장하고 내세우는 것이 '육체의 일들'을 요약한 내용이라 할 수 있습니다. 그런 측면에서 마지막 성령의 열매인 절제는 '육체의 일들' 반대 지점에 있습니다.

불의의 병기를 의의 병기로

지금까지 살펴본 성령의 열매 여덟 가지는 전부 하나님으로부터 옵니다. 하나님이 우리를 사랑하시는 것을 알고, 거기서 사랑을 배워서, 우리도 누군가를 사랑하게 됩니다. 그러나 절제는 하나님으로부터 오는 것이 아닙니다. 절제는 거짓이 없으시고 죄가 없으신 하나님께는 필요한 덕목이 아닙니다. 그분은 빛이시고 어두움이 없으시기 때문에 우리처럼 다스리고 절제하고 통제되어야 할 이유가 없으십니다. 그런 면에서 절제는 우리에게 요청되는 성령의 열매입니다.

그럼에도 왜 절제가 성령의 아홉 가지 열매에 들어가 있을까요? 성령의 열매가 한마디로 '하나님 닮기'라면 절제는 하나님으로부터 오지 않은 것인데 우리가 왜 절제를 아홉 번째 성령의 열매로 다루어야 할까요?

성령님이 우리 삶에 오셔서 하시는 제일 중요한 일은 죄를 다스려 우리 삶을 의의 병기로 사용하시는 것입니다. 예수님을 믿기 전 우리는 사람들의 삶을 깨뜨리고 아프게 하는, 불의를 행하는 병기로 쓰였습니다. 마치 군사가 전쟁터에 나가서 적군들을 죽일 때 쓰던 무기들처럼, 우리의 몸과 말과 행실과 생각과 정서가 무기처럼 사용되었습니다.

그런데 예수님을 믿고 성령님이 우리 삶에 들어오시자 우리의 몸과 생각과 행실과 말투와 정서가 사람을 살리고, 유익을 끼치고, 많은 덕을 세우는 의의 병기로 바뀌는 것입니다. 바로 이 일이 성도의 삶에 성령님이 들어와서 하시는 일이기에 성령의 아홉 가지 열매에 그럼에도 절제가 들어 있어야 하는 것입니다.

성도가 되고 나면 어떤 일에 힘써야 합니까? 우리 몸이 죄의 습관을 따라 사람들을 죽이고 해코지하고 아픔을 끼치는 불의한 병기가 되도록 해서는 안 됩니다. 여기서 '몸'은 살과 뼈만을 말하지 않고 그 속에 들어 있는 생각과 정서까지를 포함합니다. 그러므로 우리의 몸을 구성하는 모든 부분이 다시는 죄를 짓는 도구로, 다른 사람들을 무너뜨리고 아프게 하는 도구로 사용되도록 내버려 두어서는 안 됩니다.

오직 성령의 도우심을 경험하며 살아가면서 덕을 끼치고, 의를 행하고, 사람을 살려 내고, 유익을 끼치는 도구로 우리의 몸과 삶을 사용해야 합니다. 이처럼 의의 병기가 되려면 절제하고 다스리는 과정이 필요합니다.

우리는 오랫동안 죄의 종으로, 세상의 종으로, 사망의 종으로, 욕망과 자기 자신의 종으로 살았습니다. 그런 우리를 주님이 십자가 생명으로 살려 내셨습니다. 따라서 우리는 다시는 옛날같이 종살이하지 않고 하나님 나라의 자녀 된 백성으로서 다스리고 절제할 줄 알며 살아야 합니다. 그런 면에서 절제라는 아홉 번째 열매가 등장하는 것이지요.

성경이 기록되던 이 시대에 아리스토텔레스를 비롯한 헬라의 철학자들은 절제를 가장 중요한 덕 중 하나로 여길 만큼 대단히 강조했습니다. 사람이 어떤 일을 추구할 때 열정이 있다는 것은 굉장히 복되고 귀한 일입니다. 그런데 그 열정이 절제와 더불어 존재하지 않으면 사람들을 유익하게 하기보다 해코지하는 쪽으로 바뀔 경향이 다분합니다. 그런 측면에서 헬라 철학자들이 가장 중요하게 생각했던 것 중 하나가 절제입니다.

우리의 문제는 무엇입니까? 죄 중에 태어나서 죄로 치우치는 경향을 갖고 있다는 것입니다. 애초부터 의와 거룩보다 죄를 더 좋아하고 죄로 기울어지는 경향을 가진 우리가 어떻게 절제하고 다스리는 일이 가능할까요?

다음 장에서 이 주제를 조금 더 살펴보겠지만, 여기서 잠시 생각해 보겠습니다. 성령의 아홉 가지 열매를 다루기 전 배경을 살필 때(2장 참고) 언급했듯이 사도 바울은 이를 위해 "성령을 따라 행하라", "성령의 지도하심, 인도하심을 따라 살아야 한다"고 했습니다.

은혜의 성령님이 오셔서 기울어져 있는 우리를 바로 세우심으로 더 이상 죄를 짓는 흉기가 아니라 의를 행하고 사람을 살리고 사람에게 유익을 끼치는 은혜가 임하는 것입니다. 성령님이 우리를 도우시고 동행하시고 역사하실 때 그와 같은 성령의 아홉 번째 열매인 절제가 생깁니다.

이것은 우리가 다 경험하듯 참 쉬운 일이 아닙니다. 어지간히 깨달아도 죄로 기울어진 것을 바로 잡아 하나님이 원하시는 의를 행하는 일이 쉽지 않습니다. 그럼에도 불구하고 성령님이 오셨습니다. 은혜의 성령님이 우리를 인도하시고 다스려 가시면서 우리 속에 그 귀한 열매를 맺어 내십니다.

절제를 맺어야 할 삶의 영역들

우리 삶에 절제의 열매를 맺어야 하는 몇 가지 영역을 생각해 보겠습니다.

성

바울은 절제를 통한 성결한 열매가 성적인 방종과 타락의 영역에서 제일 먼저 맺혀야 한다고 보았습니다. 왜냐하면 '우리가 얼마나 죄인인가? 우리의 죄가 하나님 앞에 얼마나 악한가? 우리는 그런 죄들을 어떻게 구체적으로 지으며 살아가는가?'에 관한 목록을 설명할 때 바울은 거의 언제나 음행을 제일 먼저 언급했기 때문입니다.

음행과 온갖 더러운 것과 탐욕은 너희 중에서 그 이름조차도 부르지 말라 이는 성도에게 마땅한 바니라 … 음행하는 자나 더러운 자나 탐하는 자 곧 우상 숭배자는 다 그리스도와 하나님의 나라에서 기업을 얻지 못하리니 … 그러므로 그들과 함께 하는 자가 되지 말라 엡 5:3-7

그러므로 땅에 있는 지체를 죽이라 곧 음란과 부정과 사욕과 악한 정욕과 탐심이니 탐심은 우상 숭배니라 골 3:5

앞서 '육체의 일'을 다룬 바 있습니다. 19절에 "육체의 일은 분명하니 곧 음행과 더러운 것과 호색"이라는 목록이 나오는데, 맨 앞에 성적인 방종과 연결된 세 개의 죄가 열거되어 있습니다.

이처럼 하나님이 싫어하시는 죄의 목록이 등장할 때 거의 제일 먼저 등장하는 것이 성적인 방종입니다. 역사를 공부해 보면 제국이나 위대한 문명이 멸망할 때 일어나는 징조 또한 성적인 방종입니다. 이 주제는 언제나 첫 번째 목록으로 등장할 만큼 우리 삶에서 주의해 다루어야 합니다.

특별히 우리가 살아가는 조국 땅은 음행을 권하는 사회인 것 같습니다. 우리 자녀들이 좋아하는 TV 프로그램을 한 번씩 볼 때마다 걸리는 것이 있는데, 술 마시는 대목이 너무 많이 나온다는 점입니다. 자녀들이 이런 모습을 당연한 일상처럼 배우지 않을까 하는 마음에 속상하고 두렵습니다.

게다가 드라마나 영화, 또 다양한 매체를 통해서 성적인 방종이 정당화되면서 가르쳐지고 모방되고 있습니다. 한 남자와 여자가 남편과 아내로 신실하고 책임 있게 서로를 받아 내고 사랑하는 것이 얼마나 중요합니까. 거룩하고 성결한 아이를 낳고, 기르고, 부부가 서로 사랑하고 사랑을 배우는 현장으로서의 가정이 얼마나 중요한가 하는 주제가 너무 쉽게 무너지고 있습니다.

오늘날 미디어가 쏟아내는 메시지들을 절대로 따라가서는 안 됩니다. 성도 된 우리의 삶과 행실을 결정하는 기준은 상대방이 아닙니다. 배우자가 나에게 그렇게 했기 때문에 보복하겠다는 심정으로 무엇이든 할 수 있다고 생각하지 않아야 합니다. 우리에게는 하나님이 계시고, 하나님의 말씀이 우리 삶의 기준입니다. 어떤 경우 성도 된 우리도 어쩔 수 없이 시대를 따라가야 할 때가 있습니다. 그러나 어떤 것은 목에 칼이 들어와도 우리는 못 합니다.

가정이 얼마나 중요합니까. 하나님은 우리에게 남편이 되고 아내가 되고 자녀를 낳는 일이 얼마나 귀한지를 보이셨고, 그 한 사람을 끝까지 책임 있게 사랑하고 보호하고 희생하면서 우리는 사랑을 배웁니다. 건강하고 경건한 가정을 세워서 세상을 축복하는 것이 어떤 것인지를 압니다.

시대가 어떻게 흐르든지, 드라마나 영화가 끝없이 잘못된 가치관을 흘려보내도 따라가지 않고 세상의 소금과 빛처럼 살며 부름받은 그 자리를 잘 지켜야 합니다. 결혼 안에서 하나님이 주신 선물을 기뻐하고 즐거워해야 합니다.

음행은 성경이 이혼을 허락하는 정말 예외적인 경우에 속하는 주제입니다. 음행을 행하는 것은 우리 몸에 죄를 짓는 것입니다. 음행은 배우자의 영혼과 사랑하는 자녀의 영혼에 오랫 동안 깊은 상처를 남기는 주제입니다. 창세기 3장을 보면, 사람의 삶에 죄가 들어올 때 마귀가 아담과 하와를 유혹하면서 한 약속이 무엇입니까? 죄를 지으면 좋은 일이 생길 거라고 주장합니다. 동산 중앙에 있는 나무의 열매를 먹으면 더 좋은 일이 있다고 속입니다.

그러나 죄를 짓자 저 밑바닥으로 굴러떨어지게 됩니다. 죄는 많은 좋은 것을 약속하지만 죄를 지으면 우리가 생각할 수 있는 가장 비참한 것을 가지고 옵니다. 우리는 시대가 어떻게 바뀌더라도 세상의 방식으로 바라보지 않고 말씀과 하나님 앞에 우리의 삶을 놓고 바라보아야 하는 사람입니다.

요셉의 절제

성경은 음행이 얼마나 하나님 눈에 거스르는 죄악인가 하는 것을 말할 뿐 아니라 예를 보여 줍니다. 성경은 하나님의 눈을 두려워하면서 수많은 유혹을 이겨 내며 거룩을 지킨 사람과, 여러 부분에서 훌륭하고 탁월했지만 자기를 다스리는 면에서 넘어져 많은 아픔을 겪어야 했던 사람, 그 두 명을 곳곳에서 보여 줍니다. 대표적으로 유혹을 이겨 내면서 성결한 삶을 살아 냈던 사람은 누구를 떠올릴 수 있습니까? 적지 않은 독자들이 요셉을 떠올릴 것입니다.

요셉은 형들에 의해 종으로 팔려서 먼 이방 땅으로 갔지만 처참한 아픔 가운데서도 신실하게 믿음으로 살면서 주인의 사랑과 신뢰를 한 몸에 받았습니다. 주인은 요셉에게 집의 모든 것을 다 맡겼습니다. 일반적으로 그런 자리가 맡겨지면 거품이 생기고 본의 아니게 자기도 생각하지 못한 방식으로 자기를 높이 생각하게 됩니다. 바람이 들어가고 부풀어지면서 교만한 마음이 생기면 쉽게 죄에 넘어지기 마련입니다.

그런데 요셉은 많은 은혜와 복이 삶에 주어졌을 때 그것을 자기를 부풀리는 제목으로 쓰지 않았습니다. 하나님 앞에 여전히 겸손을 유지함으로 주인의 아내가 유혹할 때 넘어지지 않았습니다. 요셉은 주인의 신뢰를 깨뜨리고 싶지 않았고, 무엇보다도 하나님이 보고 계심을 기억했습니다. 비록 주인은 보지 못하고 다른 사람들은 혹 모를 수 있지만, 그들의 눈과 자기의 연약한 양심을 기준 삼는 것이 아니라 자신을 보고 계시는 하나님을 의식했습니다. 하나님의 눈앞에서 자기를 지킨 것입니다.

이처럼 요셉은 하나님이 아시고 하나님이 나의 기준이심을 기억하면서 유혹 앞에 무너지지 않고 자기를 지켰습니다. 무수한 고난이 따라오는데도 그 수고로운 길을 믿음으로 신실하게 걸어 갔습니다.

그런 측면에서 절제는 능력의 문제가 아닙니다. 그 사람의 의지력이 얼마나 되는가 하는 주제가 아닙니다. 절제의 핵심은 무엇입니까? '얼마나 하나님 앞에 머물러 있는가'입니다. 하나님이 나를 보고 계신 줄 알고, 하나님 앞에서 하나님께 죄를 짓지 않으려는 선하고 착한 마음이 우리의 삶을 다스려서, 욕망과 욕구대로 살아가도록 허락하지 않고 다스리고 통제하는 것입니다.

우리는 죄로 쉽게 기울어지는 경향과 습관 앞에 지지 않고, 하나님 앞에 서서 그것이 죄와 악인 줄 알아야 합니다. 세상은 다 몰라도 하나님이 나를 보고 계시고, 알고 계시며, 언젠가 그분 앞에 서서 우리의 삶을 말씀드려야 하는 순간이 반드시 있는 줄 기억하면서 살아가는 것이 절제의 핵심 중 하나입니다.

다윗과 절제의 실패

반면 우리가 잘 아는 훌륭한 인물이지만 무너진 사람이 누굽니까? 다윗입니다. 구약의 왕들이 등장할 때마다 하나님이 그 모든 왕을 평가하시는 기준이 '다윗'이었습니다. 그렇게 하나님이 기뻐하시고 사랑하시던 다윗이 무너졌습니다. 밧세바를 보고 그 마음에 일어나는 욕구를 다스려 내지 못해 간음을 행했습니다.

많은 사람이 '그런 죄 하나 정도는 지을 수 있지 않을까?' 하고 쉽게 생각합니다. 하지만 죄가 문제가 되는 것은 죄가 그 하나로 머물지 않기 때문입니다.

죄는 우리를 가능한 제일 밑바닥까지 데리고 갑니다. 죄는 한 가지 모양으로 머물지 않습니다. 죄는 우리가 문을 열어서 받아들이면 또 다른 모습으로, 더 큰 죄로, 더 깊은 좌절로 우리를 데려갑니다. 우리는 주님의 완전한 대속의 은혜 안에서 무수한 죄를 용서받고, 악하고 추한 허물을 용서받았습니다. 그렇지만 죄를 가볍게 여겨서는 안 됩니다. 특별히 음행과 같은 죄는 절대로 가볍게 다루어서는 안 됩니다. 사람들이 교회를 향해 손가락질할 때 교회로부터 많은 추악한 소문이 세상으로 나갈 때를 생각해 보십시오. 어떤 면에서 죄를 토설하고 용서는 받겠지만 하나님 아버지의 이름은 심각하게 해악이 끼쳐진 것입니다. 믿음으로 함께 살아가던 많은 지체의 마음이 다치고 영혼이 무너지고 서로 아픔을 겪게 됩니다.

세상은 거듭 우리더러 혼자라고 가르칩니다. "너는 개인이다. 독자적인 개인으로서 원하는 것을 못 하고 살 이유가 무엇이냐"라는 논리를 계속 제시합니다. 그러나 우리는 혼자가 아닙니다. 성도는 거듭난 순간 예수님과 연합된 주님의 몸입니다.

성도 된 우리는 귀한 지체들과 함께 몸을 구성하는 존재이지 결코 개인이 아닙니다. '나 하나 내가 원하는 일을 하는데 뭐 어떤가?' 해서는 안 됩니다. 우리가 그렇게 살면 하나님의 거룩한 이름을 망치고 깨뜨리는 것입니다.

우리는 개인이 아닙니다. 서로 연결된 몸의 중요한 부분이라는 사실을 꼭 기억하십시오. 용서는 틀림없이 우리에게 주어지지만, 그것이 죄를 정당화하는 제목이라고 성경은 가르치지 않습니다. 너무나 많은 것이 무너진 이 시대를 거슬러야 합니다.

결혼 안에서의 성

가정이 얼마나 소중한가, 남편과 아내가 얼마나 소중한가를 점점 잃어 가면서 "나만 좋으면 된다"고 주장합니다. 하지만 그런 일은 가능하지가 않습니다. 절대로 우리 하나만 좋을 수가 없는데 자꾸 세상이 거짓말을 하고 있습니다.

성결하고 거룩한 자녀를 기르는 것은 중요한 주제입니다. 방탕하지 않고, 이 시대의 정신을 따르지 않고, 성결해야 합니다. 하나님은 남편과 아내가 결혼이라는 테두리 안에서 아내를 사랑하고 남편을 사랑하고 함께 기뻐하고 즐거워하도록 귀한 선물인 성을 주셨습니다.

성을 결혼 바깥에서 쓰는 것은 하나님의 계획과 아무 관계가 없는 것입니다. 우리는 결혼 안에서 신실하게 하나님이 주신 선물을 기뻐하고 즐거워할 수 있지만, 배우자를 향해서만 그리할 수 있는 것입니다. 행위로 하는 음행이든, 생각과 상상으로 하는 음행이든, 포르노그래피를 보든, 안 됩니다.

시대가 그 경계를 다 헐고 있기에 마치 그렇게 해도 되는 것처럼 여기고 살아서는 안 됩니다. 하나님이 죄 없다 하지 않으신다고 성경은 분명하게 말합니다. 성결과 거룩을 잘 지켜 내고, 아내와 남편이 서로를 향해 신실하게 사랑을 배우면서, 평생 책임 있는 사랑을 행해야 합니다.

분노, 미식, 관계, 시간 사용

'절제'를 통해 다루고 싶은 몇 가지 작은 주제들이 있습니다.

화를 다루는 문제를 생각해 봅시다. 오늘 우리 사회는 옳은 말을 한다는 이유로 분노를 쏟아내는 시대가 되고 있습니다. 우리가 아무리 옳은 논리와 목적을 가지고 옳은 이야기를 해도 절제하고 다스리지 않으면 유익을 끼치지 못할 때가 대부분입니다. 분을 정당하다고 여기면서 내는 순간에도, 나 자신이 그 정당해 보이는 스스로의 정당성을 깨뜨리면서 불의의 병기로 사용되도록 자신을 바꾸어 내는 것이라는 사실을 잊어서는 안 됩니다. 그것이 우리의 본성입니다. 옳은 이야기가 전부가 아닙니다. 옳은 일을 하는 순간에도 절제하고 다스리면서 해야 유익이 됩니다.

요즘은 미식의 시대인 것 같습니다. TV를 틀면 요리와 맛집 탐방 프로그램이 곳곳에 나옵니다. 유튜브 콘텐츠의 다수는 먹는 것입니다. 물론 세상을 살아가면서 맛난 음식을 사랑하는 사람들과 함께 먹으며 하나님이 베푸신 은택을 나누는 것은 이 땅을 사는 우리의 기쁨 중 하나입니다. 또한 하나님은 절대로 우리가 금욕주의적으로 사는 것을 기뻐하신다고 믿지 않습니다.

그렇지만 우리가 맛있는 것만 계속 찾아다니면서 자기에게 함몰되는 것은 안 됩니다. 내가 먹고 싶은 것, 하고 싶은 것에만 우리의 소중한 시간과 기회를 써 버려서는 안 됩니다. 선을 행하고, 이웃의 필요를 돕고, 사람들의 눈물과 아픔을 같이 만져 내고, 그들이 울 때 같이 울고 그들이 행복할 때 같이 기뻐하는 것이 무엇인지를 알아야 진정 사는 것처럼 사는 것이지 않습니까. 그런데 전부 내가 하고 싶은 것, 내가 먹고 싶은 것에만 관심을 기울이는 것은 절제될 필요가 있습니다.

시간은 어떻습니까? 사랑하는 지체들을 대하고 이웃을 대하는 우리의 자세는 어떻습니까? 다스리지 않고 끝없이 종이 되어 욕망이 붙들고 이끄는 대로 살아가니까 점점 관계가 다 깨집니다. 우리 삶에서 제일 중요한 것이 사람이고 관계인데, 그 사람과 관계에 에너지를 쓸 여력이 없습니다. 에너지의 대부분을 자기에게 다 쏟아 버리기 때문입니다. 인생이 얼마나 짧습니까. 금방 지나가는 이 짧은 인생길을 때를 아끼며 기회를 얻는 대로 선을 행하는 것이 무엇인지를 알고 애쓰면서 살아야 할 텐데, 우리는 관심이 전부 다른 데 있습니다.

전철을 탈 때면 저는 늘 주위를 둘러봅니다. 대부분의 사람이 머리를 숙이고 스마트폰으로 웹툰이나 숏폼, 영화, 드라마를 보고 있습니다. 그들의 모습을 보면서 정말 고민이 됩니다. '생각은 언제 하나? 내가 가야 할 길을 제대로 가고 있는가 질문해야 하는데 전부 보고 싶은 것, 듣고 싶은 것, 자기를 지지해 주는 것에만 마음을 빼앗기고 있구나' 하는 생각이 듭니다. 이것이 오늘 세상을 살아가는 모습입니다. 어떤 것들은 절제하고 통제해야 하는데 욕망이 이끄는 대로 가고 있습니다.

언어

절제의 영역에서 가장 중요한 부분 중 하나는 '말을 어떻게 하는가'일 것입니다. 야고보 사도는 이렇게 말했습니다.

> 여러 종류의 짐승과 새와 벌레와 바다의 생물은 다 사람이 길들일 수 있고 길들여 왔거니와 혀는 능히 길들일 사람이 없나니 쉬지 아니하는 악이요 죽이는 독이 가득한 것이라 이것으로 우리가 주 아버지를 찬송하고 또 이것으로 하나님의 형상대로 지음을 받은 사람을 저주하나니 한 입에서 찬송과 저주가 나오는도다 내 형제들아 이것이 마땅하지 아니하니라 약 3:7-10

한 입으로 하나님을 예배하고 찬송하면서, 그 입으로 하나님의 형상대로 지음을 받고 대속의 생명으로 건짐받은 지체들을 욕하고 나쁘게 말하는 일을 해서는 안 된다는 것입니다. 말로 하나님을 영화롭게 하고 찬양하는 것처럼, 사람을 살리고 영혼들의 상처를 매만지고 심령들이 살아나고 유익을 얻도록 해야 합니다. 우리의 말과 삶이 불의의 살인 도구가 아니라 사람을 살리는 의를 위한 하나님의 거룩한 병기가 되도록 사용해야 합니다.

우리가 모두 허물과 한계가 많은 존재이지만 목회자나 직분자는 말에 더욱 유의해야 합니다. 어떤 분은 '절제는 청년들에게 더 많이 필요하지'라고 생각할 수 있지만, 성경은 나이를 막론하고 모든 사람에게 자기를 다스리는 일이 필요하다고 강조합니다.

성령의 아홉 가지 열매는 절제라는 덕목으로 마지막 문을 닫고 있습니다. 너무나 많은 사람이 자기를 개인으로 생각하면서 자기가 하고 싶은 일을 마음껏 하는 것이 현대를 사는 사람들의 삶의 목적인 것처럼 생각하는 시대입니다. 그럼에도 주님 때문에 자기를 다스리고 통제해서 절제의 열매가 따를 때 나머지 여덟 가지 성령의 열매도 진정 복된 모습으로 우리의 삶을 찾아옵니다.

사랑하면 닮아갑니다

지금까지 성령의 아홉 가지 열매를 다루었는데 혹시나 이런 생각을 하는 분이 있을지 모르겠습니다. "목사님, 어떤 열매는 저에게 좀 도드라지는 것 같고, 어떤 열매는 잘 안 맺히는 것 같습니다." 성령의 아홉 가지 열매는 하나로서 전체입니다. 그래서 '육체의 일들'은 복수로 기록했지만, '성령의 열매'는 단수로 기록하고 있다고 앞서 살펴보았습니다. 성령의 열매는 아홉 가지이지만 하나이고, 하나이지만 아홉 가지를 포괄하는, 총체적이고 동시에 균형 잡힌 하나로서 전부입니다. 그러므로 특정 열매는 맺히는데 다른 열매는 안 맺히는 일은 불가능합니다. 모든 열매가 동시에 맺히고, 열매들이 다른 열매를 촉진시키고 강조하고 세워 주면서 성령의 아홉 가지 열매가 동시다발적으로 우리 삶에 맺힙니다.

성령의 아홉 가지 열매를 하나로 요약하면 '예수님 닮기'입니다. '예수님을 닮아 가는 삶'입니다. 누군가를 사랑하면 닮아 갑니다. 주님을 닮아야 하니까 닮는 것이 아닙니다. 그것은 열매가 아니라 또 다른 짐이자 어려움입니다. 하나님을 너무 좋아하고 사랑하니까 자기도 모르게 닮아 가는 것, 이것이 성경이 우리에게 가르치는 바입니다.

대학원을 다닐 때 제가 너무 좋아하는 정근두 목사님을 만났습니다. 어느 날 목사님이 저를 당신의 교회에서 설교하게 하셨는데, 제가 설교를 마치고 나자 한 젊은 청년이 좇아오더니 이러는 겁니다. "화 목사님, 오늘 손수건을 꺼내서 이마를 닦는 것만 하셨으면 완전히 정근두 목사님이었습니다."

지금까지 저는 한 번도 거울을 보면서 '정근두 목사님이 설교하실 때 이 부분은 정말 매력적이야. 이 대목에서는 목사님을 따라

해야지' 해본 적이 없습니다. 단지 목사님이 너무 좋아서 목사님이 쓰신 책이 출간되면 구매해 부지런히 읽었을 뿐입니다. 그런데 어느 날 저도 모르게 목사님과 닮았다는 이야기를 들으면서 정말 깜짝 놀랐습니다. 사랑하니까 닮는 것입니다.

주님의 대속의 은혜를 알고, 주님이 우리를 사랑하시는 것처럼 우리도 주님을 사랑하니까 그 사랑이 만들어 내는 닮음, 이것이 성령의 아홉 가지 열매의 요약이라 할 수 있습니다. 우리의 삶에 이 사랑이 만들어 내는 예수 닮음이 많이 맺히기를, 가는 곳곳마다 그 열매로 무수한 사람들을 기쁘게 하는 복되고 귀한 삶이 되기를 기대하고 축복합니다.

화종부 목사의 핵심 메시지

- 하나님으로부터 오는 다른 열매와 달리 절제는 우리에게 요청되는 열매다.
- 성령님은 우리 삶에 들어오셔서 죄를 다스려 의의 병기로 사용하신다.
- 절제의 핵심은 '하나님 앞에 얼마나 머물러 있는가'다.

12

성령으로
행하십시오

'사랑'에서부터 시작했던 성령의 아홉 가지 열매가 '절제'로 마무리되었습니다. 이제 성령의 아홉 가지 열매를 다루는 이 책을 마무리하면서 바울이 당부하는 바를 생각해 보고자 합니다. 바울은 갈라디아서 5장 23절 상반절까지 성령의 아홉 가지 열매를 말하고 나서 이렇게 덧붙입니다.

이 같은 것을 금지할 법이 없느니라 갈 5:23

이 말씀을 어떻게 해석해야 하는가가 학자들 가운데 굉장히 논란이 많은데, 여기서는 세 가지 정도만 소개하겠습니다.

첫째, 성령의 아홉 가지 열매는 너무나 명백해서 아무도 거스르거나 반대할 수 없는 일이라는 의미로 본문을 해석하는 것입니다. 이것은 한글 성경의 흐름과 비슷합니다. 성령의 아홉 가지 열매는 우리가 예수님을 믿을 때 생명과 성령을 선물로 받은 당연한 결과로써 맺히는 것이기에 아무도 이 일이 일어나지 않도록 반대할 수 없으며, 모든 진실한 성도에게 반드시 맺히는 열매인 줄을 기억하라는 의미입니다.

이러한 권면을 들을 때 '종교적인 엘리트나 특별한 사람들에게만 이런 일이 일어나는 것이지, 나처럼 평범한 사람에게 이런 일이 과연 있을까?' 하고 반응하기 쉽습니다.

그러나 바울은 권면하기를 '성령의 열매', '예수 닮음'이라는 주제를 다룰 때 그렇게 보지 말라고 합니다. 성도라면 반드시 성령의 열매가 풍성하게 맺히고 예수님을 닮아 가게 된다는 사실을 잊지 않고 기억하면서 이 주제를 다루어 내라고 합니다.

사랑하는 여러분, 우리 한 사람, 한 사람에게 차별 없이 거듭난 생명을 따라 성령님의 도우심으로 이와 같은 열매가 있다는 것을 기억해야 합니다. 더딘 변화로 낙심하지 말고 이 일이 우리를 위한 하나님의 계획임을 믿고 담대히 그런 삶이 우리에게 주어질 것임을 확신하며 살아야 합니다.

둘째, 갈라디아서 본문 앞쪽을 보면, 당시 갈라디아 성도들이 겪고 있던 주된 어려움이 무엇인지 알 수 있습니다. 거짓 선생들이 일어나서 반드시 율법을 지켜야 구원에 이르고 성도가 되는 것처럼 주장한 것입니다.

그런 그들에게 바울은 성령의 아홉 가지 열매를 맺으면서 예수님을 닮아 가는 삶이야말로 성령을 성취하는 삶임을 강조합니다. 성령의 열매를 맺고 주님을 닮아 가는 것은 성경의 교훈과 일치하고 율법을 이루어 내는 것과 일치하기 때문에 율법을 거스르거나 반대할 이유가 없다는 것입니다.

셋째, 성령의 아홉 가지 열매와 관련해서는 법이 없다고도 해석할 수 있습니다. 성령의 열매를 맺게 하는 법은 없다는 것입니다. 따라서 성령의 열매가 특정 부류의 사람들에게만 해당되는 것처럼 여기지 말아야 합니다.

우리의 삶에 실패를 만나고, 때때로 기대하는 대로 살지 못하는 순간에도 낙심하지 말고, 성령이 오셔서 생명을 주심으로 내 삶에 열매가 맺히면서 예수님을 닮아 가는 삶이 가능한 줄을 신뢰해야 합니다. 소수의 몇 사람들에게 국한된 경험이 아니고 모든 진실한 성도들이 자기들을 위한 하나님의 선물인 줄 믿으면 틀림없다는 것입니다.

그리스도 예수의 사람들은 육체와 함께 그 정욕과 탐심을 십자가
에 못 박았느니라 갈 5:24

이 말씀이 사실을 설명하는 서술형인가, 아니면 무엇인가를 행하라고 하는 명령형인가가 해석의 관건으로서 이견이 있는 내용인데, 저는 둘 다를 받아야만 제대로 된 해석이라고 봅니다.

예수님이 십자가에 달려 돌아가신 것은 2천 년 전에 일어난 일입니다. 그런데 우리가 거듭나서 성도가 될 때, 2천 년 전에 일어난 그 일이 우리에게 적용되면서 성령님의 은혜 안에서 머리이신 예수님과 신비롭고도 참된 연합이 일어납니다.

예수님께 일어난 이 귀한 일이, 예수님을 믿는 순간 나에게도 적용된다는 것입니다. 예수님이 돌아가실 때 내 육체와 정욕과 탐심도 십자가에 못 박힌 것과 같다는 것입니다. 그런 면에서 이 말씀은 우리가 예수님을 믿을 때 일어났던 사실에 대한 서술로 볼 수 있습니다.

또한 과거에 일어난 그 일이 오늘 우리의 삶에 실제적이고 사실적으로 실현되고 경험되도록 살아야 한다고 명령합니다. 이러한 면에서 이 말씀은 명령형으로도 해석할 수도 있습니다. 말하자면 오늘 내 삶의 자리에서 육체와 함께 욕심과 탐심과 정욕을 십자가에 못 박으면서 그 길을 걸어갈 때 성령의 열매를 맺는다는 것입

니다. 그런 면에서 명령형의 해석도 들어 있는 것으로 보아야 마땅합니다.

이미 이루신 완전한 승리

예수님이 십자가에 달려 돌아가실 때, 또 우리가 예수님을 믿을 때 죄와 그 죄로 말미암은 정욕과 탐심이 함께 십자가에 못 박혀 죽었습니다. 그럼에도 불구하고 여전히 우리 몸 안에 익숙한 죄의 습관들이 남아 있습니다. 따라서 우리 몸에 있는 육체와 정욕과 탐심과 자기중심성과 끝없이 세상이 부추기는 욕심들을 십자가에 못 박아 죽이면서 그 걸음을 가야 합니다.

제2차 세계대전의 결정적인 승리는 노르망디 상륙 작전이었습니다. 이 작전에서 승리했을 때 전쟁의 승패 또한 어떤 면에서 결정이 났습니다. 이미 연합국이 완전히 주도권을 잡았기에 전쟁의 종식이 가까웠지만 여전히 이곳저곳에서 전쟁이 수행되고 있었습니다.

전쟁에서의 완전한 승리는 국지적인 전쟁까지 다 끝날 때 비로소 완성됩니다. 그러나 결정적인 이김은 노르망디에서 이미 주어진 것입니다. 이처럼 예수님이 십자가에 달려 돌아가실 때 우리가 그분과 함께 십자가에 못 박혀 죽으면서 육체와 정욕과 탐심을 향한 결정적인 승리는 우리의 것이 되었습니다. 그러나 완전한 승리가 주어질 때까지 여전히 국지적인 싸움이 남아 있습니다. 따라서 우리는 죄 된 습관들을 십자가에 못 박으면서 주님이 가신 길을 가야 합니다. 완전한 승리가 틀림없이 올 것을 믿으면서 쉽지 않은 싸움을 해 나가야 합니다.

때때로 넘어지기도 하고 실패하더라도, 이길 수 없는 싸움인 것처럼 여겨서는 안 됩니다. 결정적인 싸움에서 이미 그리스도께서 이기셨기 때문입니다. 지기도 하고 때로 넘어지기도 하는 때에도 틀림없이 전쟁의 완전한 승리를 경험할 순간을 믿고 마음에 간직해야 합니다. 그러면서 남아 있는 습관과 욕심을 십자가에 못 박으며 그 길을 가야 합니다.

사람들은 복음을 다소 기계적으로 이해하는 경향이 있습니다. '우리가 어떻게 살든지 하나님이 결국은 우리를 구원하실 것이다'라고 오해하는 분들도 있습니다. 성경은 그렇게 말하지 않습니다. 우리가 어떻게 살아도 하나님이 그분 뜻대로 하신다는 것은 성경적인 개념이 아닙니다.

이미 결정적인 싸움에서 이겼지만, 우리가 스스로를 십자가에 못 박으면서 손에 피가 묻고, 얼굴에는 수고의 땀이 가득 흐를 때, 그 모든 과정을 거쳐 가면서 주님이 우리에게 주신 구원이 얼마나 영화롭고 참된 것인지를 깊이 깨달아 참여하며 누리는 형태의 구원을 주신 것입니다.

우리가 무엇인가를 더할 때 승패에 결정적인 영향을 주는 것은 아닙니다. 예수님이 십자가에서 이미 승리하셨기 때문입니다. 공로 없이 받는 구원인 것은 틀림없습니다. 하지만 우리 편에서 손에 피를 묻히고 이마에 땀을 흘리는 과정이 하나님 앞에서 얼마나 귀합니까. 그렇게 구원의 참된 부요와 영광을 누리며 깨달아 가는 복에 참여하는 과정이 우리 안에 남아 있다는 사실을 기억해야 합니다.

갓 태어난 어린 자녀는 전적으로 부모를 의존합니다. 부모는 아이가 울면 "배가 고픈가 보다" 하고, 아이가 또 울면 "기저귀를 갈아야 하나 보다" 하며 자녀를 돌보아 줍니다. 그때 누워 있는 아이가 엄마, 아빠를 향해서 방긋 웃으면 부모는 온 세상을 다 가진 것보다 행복합니다.

아이들이 말을 배워서 "아빠", "엄마"라고 부르면 그 기쁨은 더욱 말할 수가 없습니다. 무엇인가를 제대로 할 수 없는 아이이기 때문에 아무것도 필요 없는 것이 아니라, 웃기만 하고 그저 떠듬떠듬 말하는 것으로도 얼마나 기쁨이 충분한 순간이 많은지 모릅니다.

우리의 모습이 승부에 결정적인 영향을 미치는 것은 아닙니다. 그럴지라도 소욕 앞에 지지 않고, 종살이하던 과거의 모습과 습관을 반복하지 않고, 성령님 안에서 주어진 새로운 사람에 걸맞은 행실이 무엇인지를 알고, 정욕과 탐심을 십자가에 못 박을 때 하나님이 주시는 기쁨과 위로가 있습니다.

하나님은 인격적인 사귐의 관계 안에서 우리에게 시작된 새 생명이 옛 종살이를 반복하게 하지 않을 때 말할 수 없이 기뻐하십니다. 자녀들이 그처럼 어린 상태에서도 그들의 부모를 살려 내고 위로하는 것처럼, 성도 된 우리가 이제 갓 태어나서 옛 습관이 거듭 남아 있는데도 다시는 그 길을 가고 싶지 않다며 결심하고 다짐하고 수고하고 애쓰는 것이 하나님 앞에 다 가치와 의미를 갖게 됩니다.

절대로 한걸음에 다 가게 되는 것이 아님은 틀림없습니다. 하지만 한 번 실패하고 또 넘어져도 낙심하지 마십시오. 결정적인 싸움에서 이겼기 때문입니다. 우리 앞에 싸움이 여전히 남아 있지만, 때때로 넘어지기도 하고 때때로 실패하기도 하겠지만, 틀림없이 성령 하나님의 은혜 안에서 이길 줄 알고 마음으로 붙들어야 합니다. 이 싸움을 싸우되, 때로 수고가 따르더라도 지치지 말고, 손에 피를 묻히고 머리에 땀이 흐를 때에도 그 수고가 헛되지 않을 줄 알며 열매를 맺어 가야 합니다. 하나님이 우리를 예수 닮은 사람으로 바꾸어 내시리라 신뢰하면서 이 주제를 다루어 내라는 의미입니다.

그래서 성령의 아홉 가지 열매에서 제일 중요한 것은 성령님과의 관계입니다. 이 주제를 다루면서 "어떻게 그렇게 할 수 있을까?" 하고 반문했을 때 바울이 무엇이라고 했습니까? 성령님을 따라 행할 때 그와 같은 일이 가능하게 된다고 말한 바 있습니다. 바울은 이제 성령의 아홉 가지 열매를 다 마친 갈라디아서 5장 뒷부분에서 다시 그 주제를 들고 나옵니다.

> 만일 우리가 성령으로 살면 또한 성령으로 행할지니 갈 5:25

"성령으로 살면"은 정확하게 번역하면 '성령으로 살기 때문에'입니다. 성도인 우리는 "성령으로" 살고 있습니다. 우리의 삶에 예수님이 니고데모에게 말씀하신 것과 같이 물과 성령으로 다시 태어나는 새로운 생명이 주어졌습니다. 부모에게 받은 생명에 새로운 생명이 더해진 것입니다.

우리는 여전히 똑같은 사람 같지만 우리 안에 성령님이 주시는 생명이 들어온 것입니다. 과거의 습관이 여전히 남아 있지만, 동시에 새로운 생명이 우리 속에 들어와서 새로움의 요소도 시작되었습니다.

성령님이 우리에게 생명을 주셨기 때문에, 출발 자체가 성령님이 주시는 생명이며, 새로운 생명을 얻은 우리는 성령으로 행하는 것이 마땅합니다.

성령님과 보폭을 맞추어 행한다는 것

본문은 이것을 "성령으로 살면"이라고 표현합니다. 성령으로 시작된 귀한 생명은 성령으로 행하는 것이 마땅합니다. 갈라디아서 5장 25절에서 '행하다'라는 동사는 군사 훈련이나 전쟁터를 향해 행진하는 것과 연관된 단어입니다. 정확하게 표현하면 '행진하다'라는 동사입니다. 군대에 가면 "왼발, 오른발, 좌향좌, 우향우, 뒤로 돌아, 서" 등 제식 훈련을 받습니다. 보는 사람들의 눈에는 일사불란할지라도, 실은 그렇게 되기까지 수십 번 반복합니다. 참 재미있게도 "우향우!" 했는데 부대에서 꼭 한두 사람이 한 걸음씩 더 갑니다. 그러면 나머지는 얼차려를 받습니다. 그러니 수십 번을 맞추어서 전열을 정비하는 것입니다.

'행하다'라는 동사는 군인들이 힘을 합쳐 적에 맞서기 위해 서로 보조를 맞추고 열을 맞추어 행진하도록 훈련하는 장면을 연상시킵니다. 성경이 기록된 시대의 전쟁은 총이나 포를 쏘는 전쟁이 아니었습니다. 보병의 경우는 오른손에 창을 들고 왼손에 방패를 들고 옆에 있는 군인들과 앞뒤의 군인들과 보폭을 맞추어 행진해야 적이 쏘아 대는 화살을 막아 낼 수 있었습니다.

바울은 지금 그 표현을 쓰고 있는 것입니다. "성령으로 행하라", 즉 "성령으로 행진하라"는 것입니다. 보폭을 맞추면서 오른쪽도 보고, 왼쪽도 보고, 앞뒤 간격을 조절하면서 적진을 향해 가는 모습을 표현한 것입니다. 이처럼 바울은 우리가 힘써야 할 것은 성령으로 행진하는 법을 배우는 것이라고 합니다.

우리는 지금까지 내가 주인인 것처럼, 내가 원하는 대로 걸었습니다. 남들이 어떻게 걷든지 자기 마음대로 걸으면 육체의 일들이 생깁니다. 그러나 성령님과 보폭을 맞추고 "오른쪽, 왼쪽, 우향우, 좌향좌" 하며 성령님과 함께 행하는 그때 많은 열매가 맺히면서 예수 닮음이 우리의 삶에 임합니다.

우리가 힘써야 하는 것, 열심히 노력하고 힘을 다해서 익혀 내야 하는 것이 무엇입니까? 우리의 생명 자체가 성령님으로부터 출발했기 때문에 성령님과 더불어 행하는 것을 익히고 습득해야 합니다.

이것은 성도들이 성령의 열매를 맺는 일에 매우 중요합니다. 성령님과 함께 보폭을 맞추어 내면서 성령으로 행하기 시작하면 불가능해 보이는 우리의 삶에 귀한 성령의 열매가 맺힙니다. 예수님 닮은 변화와 아름다움들이 묻어나기 시작합니다.

때때로 노력하고 애쓰는데도 안 되는 순간이 있습니다. 그때 개인의 문제로만 보지 말고 하나님이 선물로 주신 성령님과 보폭을 맞추어 내면서, 성령님과 더불어 행하는 것이 무엇인지를 익혀 내기 시작할 때 우리의 삶에 제대로 된 성령의 열매와 예수 닮음이 일어납니다. 성도의 존재를 규정하는 시종일관된 원리가 성령님이시므로 성령님이 제시하시는 길을 따라, 그 원리를 좇아 걸으며, 성령님을 따라 행해야 합니다.

성령님을 향해 취할 우리의 태도는 두 방면으로 서술되었는데 하나는 성령의 인도를 받는 태도이며, 다른 하나는 성령을 따라 행하는 태도입니다(갈 5:16, 25). 둘 사이에는 분명한 차이가 존재합니다.

"너희가 만일 성령의 인도하시는 바가 되면"(갈 5:18)은 수동태로 표현되어 성령님이 앞서 이끌어 가시고 우리는 순종하는, 약간은 소극적인 순종이 강조됩니다. 우리를 인도하시는 분은 성령님이십니다. 뒤에 있는 것은 능동태로서("성령을 따라 행하라"[갈 5:16], "만일 우리가 성령으로 살면 또한 성령으로 행할지니"[갈 5:25]) 우리를 인도하시는 분은 성령님이시지만 따라 행하는 것은 우리입니다. 인도자이신 성령님은 우리를 앞서서 인도하십니다.

성령님이 우리 눈에 보이시고 손에 뭐라도 잡히면 훨씬 쉬울 텐데 그렇지 못한 것이 사실입니다. 그렇다면 우리는 어떻게 성령으로 행하고, 어떻게 성령의 인도하심을 따르고, 어떻게 성령을 따라 행할 수 있을까요?

성령으로 행하는 몇 가지 구체적인 방법들

신앙생활을 하며 우리가 노력하고 수고해야 하는 부분 중 하나는 마음 지킴입니다. 인격의 중심인 마음을 성령님이 충만하게 다스리시도록 내어 드리는 것입니다. 우리는 무엇이든지 혼자 하는 것이 습관이 되었기에 이러한 신앙생활은 낯설고 참 어렵습니다. 그러나 삶의 자리마다 성령님이 충만하게 임재하시도록 마음 중심에 모셔야 합니다. 이미 우리 속에 들어와 계시는 성령님이시지만, 삶의 중심 자리에 앉으시기를 바라야 합니다. 성령님의 인도를 따르고 성령님이 우리를 지배하게 하신다는 말이 구체적으로 무슨 말일까요? 몇 가지를 생각해 볼 수 있습니다.

생각과 마음과 눈을 다스리기

영적인 일에 착념하고(롬 8:5), 위의 것을 찾으며(골 3:1-2), 모든 참된 것들과 모든 고상한 것들과 모든 옳은 것들과 모든 순결한 것들과 모든 사랑스런 것들과 모든 영예로운 것들을 생각하며(빌 4:8) 살아야 합니다.

우리의 눈은 자연스럽게 세상을 향합니다. 그것이 우리의 습관이기 때문입니다. 우리가 예수님을 모를 때의 관심은 세상에만 있었으며, 이 땅에 대한 관심은 가르쳐 주지 않아도 자동으로 배웁니다. 그런데 성령님과 함께 보폭을 맞추어 길을 같이 가는 것을 훈련하고 연습하는 일에서 정말 중요한 것은 눈을 들어 땅의 것이 아니라 위의 것에 주목하는 것입니다.

성령의 임재가 있는 곳으로 나아가기

기도하며 말씀을 읽고 묵상하며 사랑과 선행을 고무하는 사람들과 교제하며 주일을 성수해야 합니다. 성찬과 공 예배 출석 등과 같은 끊임없는 경건 훈련을 적절히 사용하고 채택하며 살아야 합니다. 목회를 40년 하면서 제가 늘 꿈꿨던 모습은 성도들이 예배를 마치고 집에 가서 일상에서 성경을 펴는 것이었습니다. 모든 성도가 설교를 품평하는 사람이 아니라 말씀을 사랑하는 사람이 되기를 기대합니다.

우리는 훈련 과정 없이 '위의 것'을 저절로 생각하는 존재가 아닙니다. 위에 있는 것은 눈을 훈련하지 않으면 좀처럼 우리 마음에 들어오지 않습니다. 그저 예배를 드리는 순간 외에 성경을 안 읽는 사람은 어떤 면에서 경건한 훈련이 거의 가능하지가 않습니다. 짧은 시간 한 번 말씀을 듣고 나머지는 전부 세상과 육체에 대한 이야기를 듣기 때문입니다. 우리 마음을 잘 지키고 눈을 위에 있는 것에 두는 훈련은 성령님과 보폭을 맞추는 일에 너무 중요한 첫 번째입니다.

은혜의 방편

종교개혁자들은 성도들의 변화가 생각보다 더디다는 것을 깨닫고 '은혜의 방편'이라는 표현을 만들어 냈습니다. 더디 바뀌고 오랫동안 죄의 습관에 익숙해진 우리를 하나님의 사람답게 빚어 가는 일에 성공할 수 있도록 은혜의 방편을 주셨다는 것입니다.

그중에서 제일 핵심은 교회 안에서 성도의 사귐과 교통입니다. 혼자 신앙생활을 하면 자라고 바뀌는 일에 한계가 많기에, 귀한 지체들과 서로 격려하고 보듬으면서 그 길을 신실하게 가도록 성도의 사귐과 교통을 허락하신 것입니다.

그뿐 아니라 우리에게 예배와 기도와 말씀을 주셨습니다. 이 은혜의 방편들을 적절히 잘 쓸 때 성령님의 충만한 다스리심이 풍성하게 경험되면서 우리의 삶에 성령의 열매가 촉진되는 일이 일어납니다.

성경을 펴는 것에 대해서도 생각해 봅시다. 저자이신 성령님은 우리가 성경을 열 때 그 기록된 말씀을 가지고 우리를 찾아오십니다. 그때 우리의 삶에 성령님의 충만한 도우심과 역사하시는 권능이 묻어나게 됩니다. 성경을 펴는 것은 성도 된 우리에게 굉장히 중요한 싸움입니다. 그저 주일에 한 번의 예배를 드리는 것이 성경 말씀을 듣는 전부가 아니기를 부탁합니다. 큐티를 하는 것도 정말 좋은 프로그램이지만, 성경을 보편적으로 읽는 것이 전제되지 않고 짧은 본문을 가지고 묵상만 하는 것은 그렇게 바람직하다고 여겨지지 않으므로, 할 수만 있다면 하루에 30분이라도 성경을 펴십시오. 이것은 우리가 성령님과 보폭을 맞추는 일을 배우는 제일 중요한 방식입니다.

우리는 눈만 뜨면 세상과 육체와 정욕과 탐심에 대한 이야기를 너무 많이 하는 세상에 살고 있습니다. 그런 것은 온갖 방식으로 부추겨집니다. 그에 반해 경건한 이야기, 성령님과 동행하며 보폭을 맞추는 이야기는 전혀 들을 기회가 없다면 사실은 백전백패일 수밖에 없습니다. 그래서 성경을 여는 것은 우리에게 성령의 열매가 맺히게 하는 굉장히 중요한 싸움의 방법 중 하나이고 은혜의 방편입니다.

기도는 마치 도깨비방망이를 두드리듯 원하는 것을 이루어 내는 도구에 불과한 것이 아닙니다. 하나님과 단둘이 서로를 마음껏 누리는 복된 사귐의 현장입니다. 하나님 앞에 머물러서 하나님의 음성을 귀 기울여 듣고, 우리의 소원과 여러 삶의 자리에서 만나는 문제들을 가지고 하나님과 교통하고 사귈 때 우리는 성령님과 보폭을 어떻게 맞출 수 있는지를 느끼게 됩니다. 기도의 골방은 주님을 누리는 시간인 것입니다.

특별히 성경은 "두세 사람이 내 이름으로 모인 곳에는 나도 그들 중에 있느니라"(마 18:20)라고 약속하고 있습니다. 성도들이 모일 때 그 안에 성령님의 임재가 있고, 성령님의 도우심을 경험하면서 열매를 맺고 예수님을 닮는 삶이 가능해지는 것입니다. 은혜의 방편을 적절히 사용하는 것은 성령으로 행하는 지름길이라 할 수 있습니다. 그때그때 눈에 보이지 않고 경험적으로 다 알 수는 없어도 틀림없이 약속이 있는 현장입니다.

예수 닮음이 더 풍성하게 일어나기를

어떻게 하면 성령님과 보폭을 맞추고, 성령님께 순종하며 살고, 성령님을 따라 행할 수 있을까 할 때 또 하나의 중요한 요소는 범사에 예수 그리스도의 공로를 의지하는 것입니다. 삶의 모든 자리에서 거듭 예수님의 공로를 기억하고 그분을 의지하고 신뢰하는 믿음으로 살아갈 때 우리 안에 성령님이 임하시고 역사하십니다.

내가 그리스도와 함께 십자가에 못 박혔나니 그런즉 이제는 내가 사는 것이 아니요 오직 내 안에 그리스도께서 사시는 것이라 이제 내가 육체 가운데 사는 것은 나를 사랑하사 나를 위하여 자기 자신을 버리신 하나님의 아들을 믿는 믿음 안에서 사는 것이라 갈 2:20

성도 된 우리는 예수님과 함께 십자가에 못 박혔고, 이제는 아들 하나님을 믿는 믿음으로 사는 것이라고 말합니다. 예수님의 공로와 예수님이 나를 위해 행하신 모든 것이 순간순간 인정됩니다. 그래서 하나님을 의지하고 신뢰하고 붙드는 방식으로 세상을 살게 됩니다.

갈라디아서 3장 5절은 "너희에게 성령을 주시고 너희 가운데서 능력을 행하시는 이의 일이 율법의 행위에서냐 혹은 듣고 믿음에서냐"라고 묻습니다. 이 질문에 우리는 생각할 필요도 없이 "듣고 믿음으로 성령을 받았다"고 말할 수 있습니다. 성령님이 우리의 삶에 역사하시면서 풍성한 성령의 열매가 임하고 예수 닮음이 우리의 삶에 역사하는 것입니다.

성령의 아홉 가지 열매를 마무리하면서 사도 바울은 우리에게 두 가지 당부를 합니다. 이 주제를 다룰 때 나와 거리가 멀다 여기지 말고, 예수님 때문에 이 일이 나에게 꼭 일어날 줄 믿으라고 권합니다. 여러 번 실패할지라도 낙심하지 말라고 합니다. 하나님이 성령님을 선물로 주셨기 때문에 성령님이 우리를 교훈하실 때 적극적으로 순종해야 합니다.

이제 우리 삶에 성령의 아홉 가지 열매가 풍성히 맺히고 예수 닮음이 더 풍성하게 일어나기를 기대합니다. 조국 교회의 화두인 다음 세대 또한 우리가 달라지기 시작하면 저절로 자라게 되어 있습니다. 우리가 예수님을 닮아 가기 시작하면 말입니다. 이 귀한 은혜가 풍성하게 임하기를 축복합니다.

화종부 목사의 핵심 메시지

- 우리에게 남은 죄의 습관과 자기 중심성을 십자가에 못 박으며 나아가야 한다.
- 성령님과 날마다 보폭을 맞출 때 '예수 닮음'이 우리 삶에 임한다.
- 성령의 아홉 가지 열매는 모든 진실한 성도들에게 반드시 맺힌다.

사명선언문

너희가 흠이 없고 순전하여……세상에서 그들 가운데 빛들로
나타내며 생명의 말씀을 밝혀 _ 빌 2:15-16

1. 생명을 담겠습니다
만드는 책에 주님 주신 생명을 담겠습니다.
그 책으로 복음을 선포하겠습니다.

2. 말씀을 밝히겠습니다
생명의 근본은 말씀입니다.
말씀을 밝혀 성도와 교회의 성장을 돕겠습니다.

3. 빛이 되겠습니다
시대와 영혼의 어두움을 밝혀 주님 앞으로 이끄는
빛이 되는 책을 만들겠습니다.

4. 순전히 행하겠습니다
책을 만들고 전하는 일과 경영하는 일에 부끄러움이 없는
정직함으로 행하겠습니다.

5. 끝까지 전파하겠습니다
모든 사람에게, 땅 끝까지, 주님 오시는 그날까지
복음을 전하는 사명을 다하겠습니다.

서점 안내

광화문점　서울시 종로구 새문안로 69 구세군회관 1층
　　　　　 02)737-2288 / 02)737-4623(F)

강남점　　서울시 서초구 신반포로 177 반포쇼핑타운 3동 2층
　　　　　 02)595-1211 / 02)595-3549(F)

구로점　　서울시 동작구 시흥대로 602, 3층 302호
　　　　　 02)858-8744 / 02)838-0653(F)

노원점　　서울시 노원구 동일로 1366 삼봉빌딩 지하 1층
　　　　　 02)938-7979 / 02)3391-6169(F)

일산점　　경기도 고양시 일산서구 중앙로 1391 레이크타운 지하 1층
　　　　　 031)916-8787 / 031)916-8788(F)

의정부점　경기도 의정부시 청사로47번길 12 성산타워 3층
　　　　　 031)845-0600 / 031)852-6930(F)

인터넷서점　www.lifebook.co.kr